Alexandre Luiz Mazzei da Costa

MEMÓRIAS DE UM OPERADOR DE HOME BROKER

AÇÕES E OPÇÕES

Memórias de um Operador de Home Broker – Ações e Opções
Copyright© Editora Ciência Moderna Ltda., 2008
Todos os direitos para a língua portuguesa reservados pela EDITORA CIÊNCIA MODERNA LTDA.
De acordo com a Lei 9.610 de 19/2/1998, nenhuma parte deste livro poderá ser reproduzida, transmitida e gravada, por qualquer meio eletrônico, mecânico, por fotocópia e outros, sem a prévia autorização, por escrito, da Editora.

Editor: Paulo André P. Marques
Produção Editorial: Camila Cabete Machado
Copidesque: Ricardo Nascimento
Capa: Marcio Carvalho
Diagramação: Ana Lucia Seraphim Quaresma
Assistente Editorial: Vivian Horta

Várias **Marcas Registradas** aparecem no decorrer deste livro. Mais do que simplesmente listar esses nomes e informar quem possui seus direitos de exploração, ou ainda imprimir os logotipos das mesmas, o editor declara estar utilizando tais nomes apenas para fins editoriais, em benefício exclusivo do dono da Marca Registrada, sem intenção de infringir as regras de sua utilização. Qualquer semelhança em nomes próprios e acontecimentos será mera coincidência.

FICHA CATALOGRÁFICA

Costa, Alexandre Luiz Mazzei da
Memórias de um Operador de Home Broker – Ações e Opções
Rio de Janeiro: Editora Ciência Moderna Ltda., 2008.

1.Mercado de capital, Especulação.
I — Título

ISBN: 978-85-7393-713-8

CDD 332.6
332.645

Editora Ciência Moderna Ltda.
R. Alice Figueiredo, 46 – Riachuelo
Rio de Janeiro, RJ – Brasil   CEP: 20.950-150
Tel: (21) 2201-6662/ Fax: (21) 2201-6896
E-MAIL: LCM@LCM.COM.BR
WWW.LCM.COM.BR

06/08

Agradecimentos

Agradeço primeiramente a Deus, à minha mãe Elvira e à toda família Mazzei que eu amo muito. Ao meu amor, Luana Ferreira, que tanto me ajudou nessa caminhada, com sua compreensão e incentivo. Ao professor Wagner Zanco, que com sua inspiração de escritor, fez com que reacendesse a vontade de escrever um livro, mesmo ele não sabendo disso.

Não poderia deixar de agradecer também aos professores José Alexandre e professor Santos, que estavam sempre presentes nas discussões e dúvidas sobre o mercado financeiro, e, em especial, aos meus amigos da família Suzano de Barros e Leonardo Loures.

"Este livro é dedicado ao maior investimento de minha vida, a minha filha Bruna Mazzei".

Te amo!

Invistam em seus filhos!

Esta obra é destinada a contar as minhas experiências como investidor em ações e opções através da Internet, pelo sistema Home Broker. Ela não cita todos os detalhes sobre lançamentos de opções. Não é relatado o uso de análises gráficas, apesar de eu utilizá-las. Em nenhum momento, quando é citada uma ação ou opção, o autor ou a editora têm o interesse de influenciar nas decisões de investimento do leitor.

Em se tratando de ações do tipo Blue Chips, é importante lembrar ao investidor que o sistema de investimento de bolsa de valores é considerado de risco médio a alto e que também a realidade econômica muda de acordo com o tempo em que vivemos.

Tanto o autor, como a editora isentam-se de toda responsabilidade por qualquer prejuízo ou risco, profissional ou de qualquer tipo, adquirido em conseqüência, seja ela direta ou indireta, do uso ou aplicação do conteúdo desta obra.

SUMÁRIO

O Início de uma Crise, O Início do Livro 1

O que é Independência Financeira? 3

O que é Homer Broker? 6

Ações 10

Como Escapar da Crise? 20

Dúvidas de Investimento 23

Enfim! UFA! Uma Subida! 27

Preço Médio 31

Opções. 33

Opções Viciam! 39

Perdi Tudo! 41

As Emoções nas Operações 46

A Ferramenta Stop Loss e Stop Gain 49

Operando a Seco com Opções 53

Brincando com as Opções 67

Aumentando a Carteira com Opções 70

Investindo a Longo Prazo 76

Ajustando Stops a Longo Prazo 87

Epílogo 90

Bibliografia 93

O Início de uma Crise, O Início do Livro

17 de Agosto de 2007, passo pela maior crise da história da bolsa de valores na era da informatização pessoal, será? Não sei, a única coisa que sei é que haverá outras crises, mas hoje, passo por essa crise um pouco mais experiente e sábio em relação ao mercado da bolsa de valores.

Tantas coisas eu aprendi!

Aprendi com meus colegas de investimento, no site Investidor agressivo, do meu amigo de profissão, o grande investidor e vascaíno, o Prof. José Alexandre cuja experiência como professor de finanças muito me foi válida. Aprendi com os livros que li e que indicarei no decorrer desta leitura.

Hoje eu percebi o meu potencial como ajudante de investimentos, mostrando-o aos meus amigos, que em tempo de crise, eu chamaria de "amigos desesperados".

Vi operadores experientes errarem prognósticos absurdos em relação a suas operações, vi o meu grande amigo "Maumal" dizer desesperado no site: "perdi 25% da minha carteira de ações".

A decisão de escrever esse livro vem do fato de que sempre preferi aprender com os erros dos outros do que com meus próprios erros, pois assim, erraria menos.

Vou relatar nesse livro casos especiais, de perda, de ganhos, confusões de pensamento, egos elevados, experiências fantásticas em investimentos, dúvidas e repostas sobre investimentos que fiz no site I.A. no fórum da Petrobrás.

Na verdade, só irei relatar os diálogos comigo, pois assim não terei que pedir autorização ao ALAN (responsável pelo site no orkut) para utilizar este material, porque estes foram a mim destinados.

Relatarei a minha vivência, os meus temores, as minhas realizações e os meus fracassos, esperando assim que vocês, operadores de Home Broker, não caiam nos mesmos erros que cometi, esquecendo da família, dos meus amigos, da minha companheira que tanto me ajudou a sair disso.

Pratiquem esportes, vivenciem a natureza, não fiquem presos em operações que envolvem tempo e dedicação no computador, a não ser que esse tempo seja realmente ocioso, sendo assim, não há nada de mau em gastar um tempinho para ganhar uns trocadinhos a mais, mas só façam isso se realmente o tempo de vocês estiver ocioso.

Ao ler o meu livro, você, pequeno investidor, terá em sua mente cinco anos de experiência em Home Broker, em bolsa de valores, em finanças. Sentimentos e angústias de muitos serão relatados aqui e suas soluções, estes sentimentos talvez serão seus sentimentos algum dia. Deus queira que não! Tenha este livro como um manual do pequeno investidor.

Porém, se você é um médio investidor ou grande investidor, este livro foge da proposta de investimento e manual de operação. Tenha este livro apenas como uma leitura divertida e interessante, pois não estarei tratando de nenhum assunto que você, investidor de médio e grande porte, já não conheça. De qualquer forma, garanto que gostará do mesmo, pois relembrará o seu "momento amador" de operações. Também servirá como um incentivo quando passar por momentos difíceis de lidar e conseguirá ver que se eu consigo, você também consegue superar obstáculos, sendo o de vocês, grandes investidores, bem maiores.

O QUE É INDEPENDÊNCIA FINANCEIRA?

Muito se tem falado sobre independência financeira, a memória que escrevi relata fatos e histórias de pessoas com mais dinheiro ou condições financeiras do que eu, mas, muitos, totalmente descontrolados em seus gastos.

O primeiro passo em atingir a famosa ou tão perseguida independência financeira é reduzir ou controlar drasticamente o fluxo de saída de seu capital. O livro não vai abordar esse assunto, mas indiretamente falarei de coisas que deverão ter sido adquiridas através de leituras ou com opiniões a respeito do controle de renda familiar.

Veja o exemplo dos portugueses: há muitos anos chegaram aqui, na "nossa terrinha", como eles chamam carinhosamente, e prosperam de tal forma que muitos até hoje desconhecem. Alguns brasileiros os consideram grandes exploradores, no sentido negativo, como se fossem grandes usurpadores, é uma visão antiga, da época da colonização, onde realmente levavam tudo do nosso país mesmo, mas atualmente, dificilmente você verá um português como empregador e sim como um comerciante que em sua grande maioria prospera trabalhando por conta própria. Como isso é possível? É simples:

Os portugueses têm um excelente controle do seu dinheiro. Isso faz com que eles prosperem porque aumentam seus valores sempre na coluna dos ativos e reduzem os passivos ao máximo.

Uma grande crítica à comunidade lusitana é que eles trabalham demais em seus próprios negócios e, segundo Kiyosaki, um negócio só será considerado ativo se este gerar lucro sem tomar conta do seu tempo, senão não é ativo, é apenas um negócio, assim como é o seu emprego. No caso dos portugueses, seu tempo está tomado pelos negócios, uma grande falha de concepção, mesmo assim conseguem prosperar e muito. Tenham eles como um bom exemplo de controle financeiro de renda familiar.

Se você não entende o que estou escrevendo, aconselho ler alguns livros importantes sobre o assunto, como:

- Pai rico, pai pobre.
- Independência financeira.

Ambos os livros do autor Robert Kiyosaki, são livros que explicam a condição do dinheiro, suas nuanças de forma divertida e muito real.

Lição do dia:

A importância de controlar os gastos. De nada adianta aumentar a entrada do dinheiro, se ao mesmo tempo você aumenta sua saída.

Funciona como um furo em um balde de água, não adianta abrir mais a torneira se o furo no fundo do balde está aumentando, o balde nunca ficará cheio e vai ter um momento em que ele irá rachar e todo o seu conteúdo irá se esvair (crise financeira familiar).

Apenas falarei rapidamente de um tema que deve ser tratado em qualquer livro de finança pessoal, que é a diferença entre ativo e passivo.

Um ativo é quando o dinheiro está em algum lugar que gerará renda, seja ela diária, mensal ou anual, como por exemplo: uma casa que você alugou para outro, ela gerará uma renda mensal. A casa que você alugou no exemplo é um ativo, pois é um elemento gerador de renda.

Um passivo, diferentemente de um ativo, é uma renda mensal, ou não, de algo que envolva retorno ou de trabalho ou de despesas.

Citarei dois exemplos:

O primeiro exemplo, é a da mesma casa que você comprou no exemplo acima, porém com uma pequena diferença, ao invés de você alugar, resolveu morar nela. Com essa atitude ela se transformou de um elemento gerador de renda, para um gerador de despesas, ou seja, péssimo negócio.

O segundo exemplo, é de um negócio que você resolveu montar com seus amigos, mas que envolve todo seu tempo produtivo, nesse caso, deixou de ser um ativo quando você optou por trabalhar nele de forma ferrenha. Não que seja errado fazer isso, mas seria mais louvável e financeiramente compensador através dos tempos que você estruturasse seu negócio para que ele não tomasse todo seu tempo produtivo, transformando, com essa atitude, o seu pequeno negócio em um ativo, ou seja, um elemento gerador de renda.

O caro leitor irá perceber que nem sempre podemos montar um gerador de renda ativo sem que antes seja um passivo. Irei falar neste livro sobre investimento em opções de ações a seco, que no início da minha caminhada foi simplesmente um passivo, pois exigiu muito do meu tempo, mas estive atento a isso e buscando uma forma de não me manter preso na tela do meu computador, pois quanto mais eu me envolver, mais estou transformando este tipo de investimento em um passivo. Digo que não tem jeito, pois estou na fase embrionária do investimento, só aprendendo, mas tenho a consciência de que irei sair desta fase para buscar novos aprendizados, tentando transformar as minhas técnicas em um ativo, sendo algo que não envolva uma grande parte do meu tempo produtivo.

O fator despesa já foi falado na página anterior, mas deverá ser sempre lembrado, pois é o principal em uma vida financeira e pessoal digna.

Antes de qualquer coisa, irei tirar algumas dúvidas do pequeno investidor, se você não é este tipo, pule este capítulo a partir deste ponto e vá para o próximo:

O QUE É HOME BROKER?

O Home Broker é uma ferramenta em forma de Home page que permite que você negocieações, opções, títulos públicos e etc., via internet. Possibilita que o usuário envie ordens de compra e venda desses ativos através do site de sua corretora na Internet.

COMO NEGOCIAR EM CASA ATRAVÉS DA INTERNET?

Você precisa ser cliente de uma Corretora da BOVESPA que disponha do sistema Home Broker.

Igual aos serviços de Home Banking, os sistemas de compra e venda de ações, conhecidos, como Home Brokers das Corretoras, estão ligados a uma intranet que pertence ao sistema de negociação da BOVESPA e possibilita que o investidor envie, através da internet, ordens de compra e venda de ativos.

VANTAGENS

Além de ser prático e rápido, o Home Broker oferece:

- Um cadastramento fácil e totalmente desburocratizado;
- Você pode acompanhar a sua carteira de ações em tempo real ou ter acesso às cotações, sendo que, algumas corretoras poderão oferecer também notícias e análises sobre o mercado.
- Envio de ordens imediatas, ou programadas, de compra e venda de ações;
- Recebimento da confirmação de ordens executadas. Ou se não quiser logar (colocar sua senha), para garantir a sua segurança, você terá cotações com atrasos de 15 minutos.

Isto é útil quando você está fora de casa e em computadores públicos.

RISCOS

RISCOS INERENTES AO MERCADO DE AÇÕES

É imprescindível que você utilize apenas recursos que não possam ser utilizados a qualquer hora, pois o mercado é de renda variável.

RISCOS OPERACIONAIS DO USO DA INTERNET

Todos que operam na internet estão sujeitos a encontrar problemas em suas conexões, devido a fatores inerentes ao uso desse meio. Mesmo com computadores e equipamentos, é importante que o usuário tenha alguns cuidados básicos ao operar seus computadores pessoais, sobre os quais a corretora ou a BOVESPA não tem responsabilidade, pois não possuem formas de gerenciaá-los. O que eu normalmente faço para manter a segurança é utilizar o site da corretora sempre ligando o microcomputador naquele momento, ou seja, não navego anteriormente em nenhum outro site. Também utilizo programas que procuram espiões em minha máquina.

As orientações de segurança a seguir poderão minimizar alguns dos problemas que podem ocorrer:

- Não divulgue sua **senha**. Escolha seqüências difíceis que misturem letras e números e evite colocar nomes de parentes e datas de aniversários. Sempre mude sua senha periodicamente;
- Use **antivírus** e antiespiões atualizados e verifique se eles estão ativos antes de conectar;
- Nunca execute **arquivos anexados do e-mail**;
- Antes de aceitar uma atualização, tenha certeza do que está fazendo. Você usa computadores públicos? Se usar, não coloque senha em hipótese alguma;

8 ▸▸ Memória de um Operador de Home Broker

⑤ Acompanhe sua conta. Se houver qualquer crédito ou débito irregular, você deve contatar sua corretora imediatamente.

Poderá haver alguns problemas com sua conexão com a corretora Home Broker. Entre estes, podemos citar:

⑤ Falta de energia elétrica na corretora.

⑤ Interrupção ou má qualidade de linhas telefônicas, se sua conexão for por meio de acesso discado, ou interrupção na comunicação de fibra ótica da corretora;

⑤ Pouca eficiência na conexão e baixa capacidade de processamento do provedor de acesso;

⑤ Performance ruim do microcomputador utilizado.

Segurança no mercado de ações

A BOVESPA exerce, em defesa dos investidores, um acompanhamento rigoroso de todas as transações de mercado, o que assegura uma confiabilidade elevada no cumprimento dos negócios realizados.

A CBLC exige ainda depósito de margens ou cobertura para posições de risco nos mercados a termo e de opções, além do serviço de empréstimo de títulos - BTC. 1.5. **Custódia**

Você irá pagar mensalmente à sua corretora contratada uma taxa, conhecida como taxa de custódia, para que ela guarde os títulos e exercício de direitos.

Cuidados na escolha da corretora

A escolha do intermediário que administrará os seus ativos é muito importante. O investidor deverá certificar-se de que esse intermediário possua alguns requisitos básicos:

O QUE É HOME BROKER? ▸▸ 9

◉ Tenha tradição e solidez como administradora de recursos;

◉ Possua idoneidade;

◉ Possua autorização para funcionar. Essa autorização é dada pelo Banco Central e pela Comissão de Valores Mobiliários.

◉ Seja membro ativo da BOVESPA;

◉ Tenha alto nível de qualidade ao prestar o serviço. Competência e ética para atender às necessidades do investidor.

Todas as Corretoras credenciadas possuem estas características e ainda contam com a experiência da BOVESPA, que atualmente é a maior bolsa de valores da América Latina, mesmo assim procure a melhor relação para o quanto está investindo, custo e benefício.

Ações

Ações são ativos que geram dividendos e lucro ao seu proprietário e que também podem trazer lucros ou prejuízos na sua venda (alienação).

Quando investimos em ações, temos a esperança de estar comprando uma parte da empresa que ela representa. Ações ON são ações ordinárias, parte do patrimônio da empresa. Ações PN são as ações preferenciais. Essa última tem preferência na distribuição de dividendos ou juros sobre o capital, ou seja, é a primeira a receber esses valores.

Mas, a realidade é outra. Ao calcularmos o valor do Capital social de uma empresa e dividirmos pela quantidade de ações desta mesma, você irá perceber que a ação está supervalorizada, ou seja, o preço de compra é bem maior que o preço real.

As ações são uma parte da empresa. Ao analisar essa parte relativa às ações e dividir pela quantidade de ações que a empresa colocou a disposição terá o valor patrimonial, que no exemplo abaixo é R$ 22,65. Veja exemplo:

Ações da Petrobrás PN

Petr4 = R$ 45,60 Preço de compra (quanto ela custava na compra no dia 16/08/07)

Petr4 = R$ 22,65 Preço real da ação (capital social/quantidade de ações)
(R$ 52.644.460.440,00/4.387.038.370 ações)

Valor Patrimonial da Ação: R$ 22,65 (31/dez/06)

Mas, quando estamos investindo, ou melhor, especulando sobre a ação, que no exemplo é a Petrobrás (Petr4), esquecemos do fundamento e entramos em uma euforia de compra.

Em julho de 2007, a Petr4 estava a **R$ 57,50** e hoje, em 17 de agosto, com a crise do mercado de risco subprime, está a **R$ 46,50**. A única garantia que temos é que essa ação não cairá muito abaixo de **R$ 22,65** e se cair ela vai voltar, pois o seu capital social suporta isto (a não ser que a crise afete o patrimônio das empresas, então seria uma recessão, o que não é o caso desta crise, pelo menos por enquanto). Quando afeta a empresa como um todo, afeta também o valor patrimonial e seu capital social.

Outros suportes de preços são feitos pelos grandes investidores, que fazem com que ela não caia mais por ter condições de mantê-la em carteira por grandes períodos, assim a utilizam para investimento a longo prazo.

Um outro exemplo recente e mais agressivo é o da Bolsa de Mercadoria e Futuros (BMEF3). Ela colocou suas ações na BOVESPA em 2007 e seu preço médio foi calculado em mais ou menos R$ 19,00 por ação. Pois bem, a BOVESPA e a BMF estão em fase de negociação para se integrarem e formar uma nova ação.

De certo modo, isso é bom para o acionista das duas, mas e se não fosse e você quisesse desistir do negócio: ou você venderia e amargaria os prejuízos, pois ela estava na data em R$ 13,00 ou a BMEF te pagaria o valor correspondente ao patrimonial da ação em 31.12.2007 que era de R$ 1,32, conforme relatado em fato relevante no dia 18/04/2008. Porém, se você aguardasse um pouco, veria a Bovespa te oferecer R$17,00 por essa ação, quando ela se tornasse a Bovespa Holding.

Mas, o que eu aprendi foi:

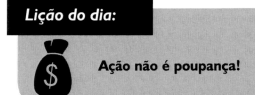

Lição do dia:

Ação não é poupança!

12 ▸▸ Memória de um Operador de Home Broker

Sérgio, como chamarei, era um investidor novo; não muito, mas se fez de novato pois achava que estava levando prejuízo demais e precisava de uma orientação sobre o que fazer com o seu dinheiro. Entrou no meu site do orkut para orientações.

Veja o diálogo:

Sérgio:

___ *Olá Alexandre tudo bem? Muito obrigado pelas explicações. Mas o que você espera para a Petrobrás PN (Petr4) até o final do ano? Você me parece uma pessoa que está bem preparada para o mercado de ações. Ela deverá chegar aos 60,00? Um forte abraço.*

Como sempre fiz ao entrar no site de relacionamentos, fui à página de recados e prontamente respondi ao Sérgio e a você, caro leitor:

Alexandre:

___ *Pois bem Sérgio, o mercado é assim mesmo! É apavorante!*

___ *O conselho que eu sempre dou é lembrar que ações não são poupança. Invista apenas o dinheiro que você investiria em um negócio qualquer, não pense como poupança, pois o risco é médio, assim como qualquer negócio.*

___ *Com relação às opções, invista pequeno porque o mercado de opções é de alto risco. Só invista o que você pode perder, quando investir comprando opções encare como se já tivesse perdido o dinheiro, pois provavelmente perderá.(sorriso)*

___ *Com relação à Petrobrás, eu fico um pouco triste pois o mercado mundial vai atrapalhar os meus planos. Na minha opinião as notícias de segunda-feira serão extremamente favoráveis à Petr (mas é apenas a minha opinião), se eu estivesse com dinheiro na segunda-feira, entraria agora para médio prazo, preço de compra R$ 49,50, preço alvo R$ 60,50. Abraços. Se quiser me adicionar na página tudo bem.*

Ações ▶▶ 13

Depois da crise as ações preferenciais da Petrobrás, conhecidas como Petr4, estavam a R$ 46,50 a unidade:

Alexandre:

___ E aí Sérgio? Tudo bem?

___ Ainda to confiante em relação a Petr4 a R$ 60,00 ou R$ 57,00; mas infelizmente você entrou no mercado no pior momento.

___ De qualquer forma, estamos empatados, pois nunca tinha visto uma crise assim nos meus cinco anos.

___ Mais de 500 ações estão no prejuízo este ano em New York (Índice SP500).

___ Você não é o único, mas não se preocupe, vai melhorar.

___ Agora que nós estamos passando por essa crise, a experiência que adquirí é que deveria ter ficado líquido nelas e esperar a poeira passar. Vale mais a pena, evita que você fique estressado e ainda por cima quando você entrar, compra mais ações.

___ Não venda no prejuízo.

___ Abraços e boa sorte para você.

O que eu quis dizer com o texto, para o novo investidor, é:

Lição do dia:

Em tempos de crise é aconselhável vender tudo o mais rápido possível (ficar líquido).

14 ►► Memória de um Operador de Home Broker

Veja o que Acontece se Você Esquecer o seu Dinheiro em uma Carteira de Ações:

Em um simulado de Investimentos eu tinha uma carteira com as melhores ações do mercado em 2006, com R$ 200.000,00 iniciais e esqueci dela desde janeiro de 2007 no lucro de 18%, deixei lá para longo prazo. Veja como ela está agora em agosto de 2007:

Carteira

AÇÕES	Qtd.	Valor de Compra	Valor Atual	Valor Total	Ganho Perda	%
COSAN ON	200	39,20	22,05	4.410,00	-3.430,00	- 43,75
COSAN ON	700	37,10	22,05	15.435,00	-10.535,00	- 40,57
COSAN ON	800	37,34	22,05	17.640,00	-12.232,00	- 40,95
COSAN ON	400	37,07	22,05	8.820,00	- 6.008,00	- 40,52
COSAN ON	2	36,71	22,05	44.100,00	-29.320,00	-39,93
PETROBRAS PN	300	45,15	50,11	15.033,00	1.488,00	10,99
TIM PART S.A. PN	1	6,65	6,75	6.750,00	100,00	1,50
TIM PART S.A. PN	7	6,64	6,75	47.250,00	770,00	1,66
Total				159.438,00	**-59.167,00**	**-27,07**

Repare no valor do prejuízo que está em negrito.

Meus R$ 200.000,00 se transformou em R$ 159.438,00, ainda bem que era apenas um simulado, ou seja, o dinheiro não era real.

Esta análise é importante e simples porque muitos acreditam que investir em ações a longo prazo é o ideal, eu também acredito nisso. Mas o perigo é que ao acreditar, normalmente tem-se uma conclusão ilógica: é só deixar o dinheiro lá e pronto.

Não podemos esquecer que ninguém controla o futuro, sendo assim, se você investiu em um negócio, você tem que estar de olho nesse negócio, pois ele pode falir através dos tempos.

O exemplo que eu dou nas minhas aulas e explicações é este:

Se você estivesse investido em uma ação que fabricava películas de fotografias, hoje, com o advento das máquinas digitais, você estaria falido ou perderia a maior parte do seu capital. Ao investir no ramo de fotografias, teria que estar atento ao ramo, e assim, iria observar um potencial maior no ramo de tecnologia, você sairia do seu capital na empresa de película para investir nas de máquinas digitais e estaria sempre ganhando, pois seria, um grande acionista do setor.

Se você não se convenceu em relação ao futuro e ao investimento, veja o que respondi a um iniciante que pediu ajuda. Ele comentou que começou a investir na bolsa há apenas um mês e estava empolgadíssimo com os resultados, pois ganhou 17% em um fundo da empresa Vale do Rio Doce e que os analistas disseram que era um bom momento para investir nas ações da Vale e da Petrobrás, já que, segundo eles, estavam com valor bom. Ele tinha começado com R$ 500,00, mas ficou tão entusiasmado que estava querendo colocar agora R$ R$ 5.000,00.

Ele queria investir durante 6 meses a um ano ou até mais, e também queria saber se compensava investir em um fundo de ações, pois estava preocupado porque todos falavam que isso era uma porcaria.

Eu respondi:

Investindo em ações!

Você pode investir sozinho, mas cuidado! Você está correndo sérios riscos de ter prejuízos! Compare esse investimento como qualquer outro. Não se investe dinheiro no que não conhece.

Veja um exemplo de um investimento:

Terrenos

Você resolveu investir em imóveis e comprou um terreno na Região dos Lagos, no Rio de Janeiro, pois passou umas férias lá e viu que o lugar que se chamava "Praia Seca" era muito lindo e o terreno era barato.

Então, achou que o terreno valeria uma fortuna com o tempo. O problema é que o futuro é imprevisível. No exemplo, a lagoa de Praia Seca (lagoa de Araruama), uma das mais belas do Rio, sofreu uma inversão térmica causada por obras em um canal de entrada do mar, conhecido como "Canal do Cunha", e fez com que os microorganismos do fundo da mesma se soltassem mudando a cor da água e fazendo com que o odor fosse o mais desagradável possível.

Resultado:

- Seu terreno hoje vale uma ninharia.
- Terá que aguardar mais alguns anos para voltar ao normal (após sete anos já estará voltando) e poder vender com um lucro razoável.

E é assim também a bolsa de valores. Você tem que tomar conta do seu investimento e o futuro é incerto. Digamos que, no exemplo acima, eu tivesse contratado um corretor e ele percebeu o problema e vendeu o mais rápido possível. Essa é a vantagem de ter um bom profissional trabalhando para você.

Se o profissional não for bom de nada adianta.

AÇÕES ▸▸ 17

Com relação à segurança, invista em Blue Chips. Em comparação às ações citadas, eu investiria na Petr4 (na época) com o preço de R$ 58,90 com um valor alvo de R$ 68,50 em 1 ano. Na Vale, eu sou daqueles que acha que o preço está esticado, mas já deixei de ganhar muito com ela por causa disso.

Os fundos de investimento são geridos por profissionais gabaritados e isso é um fato positivo. O grande fator negativo é que pagamos imposto nos fundos com qualquer valor investido e em ações só pagamos impostos acima dos R$ 20.000,00 mensais.

Para a compra de uma ação, o fator de referência que é muito usado pelos analistas e pelos Megainvestidores é o "Yield", que é a relação entre o preço da ação e o quanto ela vai pagar em dividendos e lucros até recuperar o dinheiro investido:

Veja exemplo:

Ações da Petrobrás PN

Petr4 = R$ 45,60 (Quanto ela custava na compra no dia 16/08/07)

Petr4 dividendos somados com os juros sobre capital de 2006 = R$ 2,75

Ela está pagando em dividendos e lucros em média R$ 2,75. Nesse caso, o índice que falei no parágrafo acima está em 16x, ou seja, levará 16 anos para você retornar seu capital investido, o que não é nada mal em comparação a países emergentes como Venezuela e Argentina que estão hoje com índices em torno de 20x e 24x respectivamente, ou seja, o investidor na Argentina irá retornar o seu capital em 24 anos.

Este índice é interessante, principalmente na crise, para medirmos o quanto às ações estão supervalorizadas ou não em relação ao seu preço de mercado.

O Yield que citei, conhecido como Current Yield, é normalmente dado em razão do ano no formato de fração, mas, como eu expliquei na página anterior, é mais fácil de entender. Existem outros Yields, como o Yield to maturity.

Outro índice muito interessante é o P/L, que significa Preço/Lucro.

Achar a ação que esteja com esse índice bom é interessante para a compra a longo prazo, mas devemos estar atentos aos fundamentos da empresa e à sua contabilidade atual antes de investir forte.

Aconselho, para o caminho da estabilidade financeira, você colocar pequenas metas como se fossem alguns degraus de uma escada, onde o penúltimo degrau seria esse valor que você deseja alcançar.

Acho que o importante é fazer uma análise prévia de quanto você precisa para ter um rendimento significativo de retorno do investimento aplicado na bolsa de valores. Assim, você não se iludi com os números. Tem muita gente que acha que alcançaria uma vida confortável rapidamente e quando calculamos temos claramente a visão de que não é tão simples assim.

Lembro-me de que quando eu li o livro "**Pai Rico e Pai Pobre**", havia um trecho que falava da esposa comprou um Porche com o dividendo de um ano de uma determinada ação. Fiquei curioso...

Pesquisei e verifiquei que uma das melhores ações dos EUA na época do autor do livro, a Ogilvy & Mather (a quinta maior agência de publicidade do planeta) tinha um Yield de 4X, ou seja, a melhor ação dos EUA devolveu entre dividendos e juros o valor do investimento após 4 anos. Hoje o Yield da melhor ação deve estar em torno de 8,5.

Fiz os cálculos e percebi que na realidade dos investidores americanos, ela precisava ter 4x o valor do Porche investido.

Fiquei deprimido.

AÇÕES ▶▶ 19

Fiquei mais deprimido quando vi que o Yield aqui na época em que li o livro foi lançado era 18x!Isto quer dizer que eu precisaria de 18 Porches investidos no Brasil para ganhar um em um ano. Atualmente o Yield está maior, mas evito calcular para não ficar deprimido.

Mas existem formas de "alavancar" seu dinheiro, sem precisar esperar pelos dividendos, juros e etc. Temos operações de taxa, entre outras formas que falarei neste livro.

É muito importante essa análise e essas discussões.

No início, o meu primeiro degrau das metas era ter como rendimento a metade do meu "salário de fome" de professor.

O segundo era o salário todo e assim por diante. No meu caso... Haja degraus!

E o de vocês? Quais são os seus degraus?

O outro fator importantíssimo...

Devemos lembrar que para ter independência financeira é importante saber gastar. "Pechinchar".

Devemos aprender a gastar menos sem precisar cortar o conforto. Como gastar é a parte mais difícil do controle financeiro, normalmente queremos pagar e pronto, afinal, trabalhamos ou operamos para isso, não é mesmo?

É...

Mas, isso não é controle financeiro. Independência sem controle financeiro é armadilha para voltar à vidinha anterior, força você a descer degraus.

COMO ESCAPAR DA CRISE?

Um investidor, com uma página falsa do Orkut (site de relacionamentos), usando como apelido Teo, demonstrou um desapontamento ao investir em ações. Veja:

COMO ESCAPAR DA CRISE?

Bem, já faz alguns anos que invisto em ações e graças a Deus estou sobrevivendo. Mas em todas as crises, acabo me machucando feio. Isto ocorre porque, para mim, é muito difícil saber a hora de sair.

Percebo que na comunidade tem muita gente experiente que levou prejuízo, fora aqueles que nem têm coragem de confessar isso. Na teoria é sempre muito fácil, lendo livros como Axioma de Zurique dá até a impressão de que é mais fácil do que parece. Mas a realidade é bem diferente na minha opinião.

Então, quais são os indicadores usados?

Quem teve sucesso em sair no momento certo, digo, algum dia acima dos 55.000 pontos, e esperar para ter comprado quinta ou sexta ainda está esperando?

Quem está feliz e se deu bem, conte para a gente, por favor...

Minha resposta foi simples e objetiva:

Ficar líquido!

A verdade é que não existem indicadores. Se você quer deixar de perder nas crises, o segredo é deixar de ganhar nas crises, ou seja, indicou suspeita de crise, caia fora.

Vai sair várias vezes, pois na maioria das vezes não é nada. Vai ganhar pouco, 2 a 4% ao mês, vai ter meses que não vai ganhar nada, porque está fora, mas também não vai perder. Vai ter que segurar a ansiedade, porque dá uma vontade de comprar!

O problema não é do mercado e sim nosso. Não se investe em um negócio que está indo para o buraco, mas a facilidade aqui é tanta que fazemos isso.

Procure corretoras que deixam você operar a descoberto, ou seja, vende o que não tem e depois compra. Nesse momento de crise, acredite porque é verdade, tem muita gente ganhando dinheiro operando a descoberto, mas é muito arriscado. Se você não tem experiência é melhor vender e esperar, normalmente dura três meses.

Perdi 13% da minha carteira, continuo comprado e operando como um louco, tem colegas aqui que perderam carros e outros 25% do que investiram.

Lição do dia:

Ninguém controla o futuro, ele é incerto, então, investimento a longo prazo existe, mas tome conta do seu dinheiro porque ação não é poupança.

Lição do dia:

UMA CRISE, FIQUE LÍQUIDO!

Ficar líquido significa vender as ações e ficar com o dinheiro.

No advento de qualquer crise que afete consideravelmente as ações e os derivativos como um todo, a melhor coisa a fazer é vender o mais rápido possível e esperar a poeira assentar. Essas crises são raras, mas acontecem.

Lembre-se, uma crise tem que afetar todas as ações e derivativos, senão é apenas uma correção ou realização de lucros.

Se você está com problemas apenas no papel em que está comprado não é crise, mas venda logo! Caso não tenha vendido, procure descobrir as causas. Se achá-las, venda ou aguarde um aumento rápido de 2 ou 3%, conhecido como repique, e venda. Saia o mais rápido possível.

Caso não ache nada, procure uma ação que você esteja acompanhando há tempos, espere-a ficar com um preço razoável e compre com a metade do capital da empresa que estava comprada anteriormente. É uma maneira de proteger a metade do seu capital.

Se for uma crise, saia e aguarde. Isto é, o que os mercados chamam:

Os fundos estão zerando suas posições no lucro!

Ou seja, venderam tudo e estão aguardando o melhor momento de compra.

Na crise, **se você não vendeu a tempo** e não consegue mais vender porque o prejuízo é muito grande agora, faça o seguinte:

Não venda mais!

No ato de vender abaixo do que comprou você assume o prejuízo. Espere subir de novo, irá demorar, mas voltará a subir, ou pelo menos existe a probabilidade de isto acontecer.

No mercado, esta operação é conhecida vulgarmente como:

"*Fique de costas para a parede e aguarde.*"

Desculpe-me pela vulgaridade, caro leitor. Mas é assim que os economistas falam nos bastidores. Não deixa de ser algo bem direto e que simboliza totalmente o texto apresentado aqui para o investidor que demorou a vender na crise.

DÚVIDAS SOBRE INVESTIMENTO

Dia 23 de agosto de 2007, mais um pequeno investidor com grandes dúvidas sobre em que investir. Esta dúvida é simples, mas pode ser a sua dúvida também, pequeno investidor. Então veja a pergunta e a minha análise:

Pergunta aos estudiosos e mais experientes:

Estou com R$ 2.000,00 livres para investir no momento. Meu objetivo é médio e longo prazo (de 7 meses a 1 ano). Quais ações vocês me indicariam?

Obs.: só para constar, em uma análise fundamentalista, por minha conta, penso em aplicar junto à IDNT3 e WHRL4.

Saudações a todos

Respondi:

Algumas perguntas importantes antes de investir na bolsa de valores:

1) Você tem certeza de que não vai usar esse dinheiro em hipótese alguma nesse período?

Longo prazo não está dentro do período que você falou anteriormente, então a segunda pergunta é:

2) Você tem certeza de que estudou o suficiente análise fundamentalista já que não sabe nem o período correto para longo prazo?

Esse fator é importantíssimo para analisar os fundamentos das empresas, pois se você fez a análise incorretamente, levando em consideração essa defasagem gigantesca com relação ao tempo, você terá problemas.

Isto ocorre porque os resultados a longo prazo serão em tempos completamente diferentes do que você imaginava, então vale a pena revisar as suas análises.

3) Qual a sua expectativa com relação ao lucro desse investimento em LP já corrigido?

Após essas respostas te indicarei o investimento e falarei de riscos.

Lição do dia:

Não coloque dinheiro em algo que você não tenha conhecimento. Estude antes de investir.

Um investidor gostaria de ouvir a experiência de pessoas da comunidade sobre suas operações com *daytrade*[1].

Queria saber as condições mínimas para se realizar, vantagens e desvantagens desta operação sobre as outras.

Então, respondi:

Excelente questão.

O grande problema para mim é que eu não sei exatamente o que é swing trade (na época, não sabia), mas já ouvi falar que é um *daytrade* curtíssimo, mas não tenho certeza, se for isso, é exatamente o que faço.

Hoje opero na maioria das vezes em daytrade apenas com opções, dá lucro. O segredo do "trade[2]" curto em opções é operar a seco, nada de lançamentos.

Lançamentos e compra de opções têm risco calculado e o tempo de "trade" pode chegar a até 72 horas, exemplo: BOI, BODE e etc... Essas técnicas eu não faço, conheço, mas não tenho experiência ainda para poder te ajudar.

---
1 Daytrade = Operação de compra e venda no mesmo dia com o mesmo papel ou título
2 Trade = Operação de mercado (compra, venda, lançamento)

DÚVIDAS SOBRE INVESTIMENTO ▸▸ 25

No trade curto que faço, é simples. Explicarei abaixo o que faço:

Opção é um derivativo, então esta varia de acordo com a ação. Quando esta estiver com expectativa de subida é a hora de comprar, assim que ela subir eu vendo a opção. Procuro lucros baixos.

Para operar a seco em opções, façam duas perguntas:
1) Está disposto a perder todo o valor que vai investir?
2) Está disposto a investir X para ganhar Y?

Se você estudou o movimento das opções e leu bastante sobre elas, então pode seguir os passos acima:

Se a resposta for sim nas duas perguntas, você está preparado para operar a seco, entãosiga em frente!

João (nome fictício)
DayTrade - Dúvida

___ Olá pessoal. Busquei outros tópicos que falassem sobre isso, mas não encontrei, então abri outro.

___ Eu já operei um tempo em daytrade e tive bons resultados, mas eu não tinha capital, utilizava um limite de crédito de investimento oferecido pelo meu banco de R$10.000,00. Agora, eu estou com um pequeno capital e quero entrar mais de cabeça em operações de daytrade, então eu gostaria de perguntar a vocês: alguém aqui vive de investimentos em daytrade? Será mesmo possível aumentar o capital em mais de 10% por mês operando diariamente?

Obrigado!

Alexandre
Experiência

Se você não tem experiência em operar em daytrade, não vise lucros altos, opere pouco, faça isso por alguns meses até garantir experiência.

Não opere a descoberto por enquanto. Apesar do momento de crise ser muito propício para isso, o principal para você é garantir a experiência e, após isso, vai ser só alegria.

É muito comum o operador de Home Broker, como eu, ficar empolgado com algumas mensagens nesses sites de relacionamento sobre técnicas de investimento e aí cria-se um desejo de entrar forte nessas operações.

Temos que ficar atentos a dois fatores:

- As mensagens de técnicas de investimento são, em sua maioria, positivas e quando ocorre um prejuízo, normalmente este não assume em público (no site), por motivos diversos como: vergonha de assumir o erro, stress causado pelo prejuízo que faz o operador se afastar das operações e da internet e por achar que o erro foi dele e não da técnica da operação, o que nesse caso, em algumas vezes, ele pode ter razão.
- Não opere uma técnica investindo muito.

Veja na mensagem do operador, ele diz:

"*Quero entrar mais de cabeça.*"

Nunca faça isso!

Lição do dia:

Nunca entre demais com a cabeça em qualquer operação de mercado!

Você pode ficar sem ela!

Enfim, Ufa! Uma Subida!

Hoje, 22 de agosto de 2007, a crise no mercado de subprime já passou, porém, as incertezas são grandes ainda. O FED (Banco Central americano) sinalizou que fará de tudo para o mercado americano não ser contaminado pela crise do mercado de risco. Isto criou uma euforia nos mercados mundiais, só a Petr4 subiu 6% hoje, quem operou com opções ganhou em mais de 150% em um só dia. Eu operei, mas como eu estava com aversão ao risco, vendi logo, o que não é tão ruim assim, mas obtive 22% de lucro. Eu poderia estar feliz, mas na verdade não estou, pois, se tivesse ganho os 150% estaria praticamente sem prejuízo algum em opções, mas preferi não correr riscos. Eu deveria estar feliz.

Lição do dia:

Quando evitamos entrar em uma operação com risco alto, também evitamos ter lucros altos. Mas aumentar as chances de ganhar mais vezes e perder menos, é a melhor forma de investir.

Entrei no site de relacionamentos, mandei uma mensagem no fórum da Petr4, logo em seguida encontrei uma dúvida emocional e depois respondi.

28 » Memória de um Operador de Home Broker

Resposta:

Hoje foi muito bom, mas infelizmente, com minha aversão ao risco e a chegada tarde no Home Broker, só ganhei 22% mas já está bom, mesmo porque já estou com -6% na carteira.

Rodrigo, eu estou muito interessado na sua técnica e hoje eu operei algum com ela e deu tudo certo, mas percebi que você ainda não vendeu, como você a manteve? Qual o tipo de raciocínio nestas horas?

Marcel, eu gostei do ditado: "preço de mercado é sempre o pior preço em opções", gostei.

"Preço de mercado é sempre o pior preço em opções".

O que ele quer dizer com isso é que se você quer vender ou lançar uma opção, é aconselhável que você faça com preço maior que o de mercado e, no caso do lançamento, sempre com valor extrínseco (VE) significativo.

Na compra de opção, coloque uma ordem de compra por um preço abaixo do que está no momento.

Outro usuário não entendeu, isto era de se esperar, porque o que eu falei acima foi bem polêmico, ele perguntou e logo em seguida criticou:

___ *Não entendi, o preço será sempre de mercado?*

Após a pergunta, continuou criticando.

Este negócio de preço de mercado sempre vai existir, naquele momento você vai comprar sempre a preço de mercado. No caso do cara aí, ele pagou caro sim em relação ao fechamento. O theta age no tempo e não na negociação. No momento da compra ele pagou o valor que estava sendo negociado, absolutamente normal.

Outra coisa, com a volatilidade que está, o "theta" está mesmo é ferrando quem está comprando opções já no strike. A i50 é uma delas.

Mais um detalhe, o volume das posições vendidas na petr4 tende a diminuir nos próximos dias quebrando um pouco este desgaste.

A briga hoje nas mesas foi grande e a ponta v esta perdendo força, apesar de estar agindo com muita consistência.

Então Respondi:

Investidor, com relação à sua pergunta. Você perguntou:
"Não entendi, o preço será sempre de mercado?"
"Preço de mercado é o pior preço em opções".

Quem falou isso não fui eu, foi outro usuário forense, mas vou tentar te explicar, porém é bem polêmico.

"Theta" para quem faz daytrade com opções a seco faz diferença, mas não muito porque é só um dia, então existe, mas não é tão significativo para trade diário. Repito, ele realmente existe, então, como você falou, você está com a razão sobre a I50 porque estava próxima do strike.

Para eliminar esse "theta" de uma forma mais simples para quem ainda está começando a operar é aconselhável dar uma ordem de compra na média em dias de mercado em alta, normalmente a média acaba sendo o ajuste do "theta" que o próprio mercado já faz.

Se você reparar, o preço em média não fica muito tempo em mercado no livro de ofertas, pois todo mundo quer com o mercado em alta e ninguém quer com mercado em baixa.

Nas mensagens, estava apenas apresentando uma dica sobre "trade" curtos, não para comprar a opção e ficar com elas mais do que um dia.

30 ► Memória de um Operador de Home Broker

É lógico que, quando estiver na média, ele será preço de mercado, mas ficará pouco tempo e o que mais se vê é o operador comprar a opção com o preço bem alto, pois a maioria das vezes ou está bem alto (e todo mundo quer) ou está bem baixo (e ninguém quer).

Isto é apenas para o iniciante, você tem razão quanto ao resto.

Em outras palavras, uma reflexão sobre o preço dos derivativos...

Se o preço é bom, quase não vai ficar muito tempo como preço de mercado no livro de ofertas, todo mundo quer.

Chama-se: comprar na oferta!

HB = Home Broker
IA = Site de relacionamento www.investidoragressivo.com.br

PREÇO MÉDIO

Nunca faça preço médio! Para você investidor que não sabe o que é isso, é a técnica de estar sempre comprando um pouco mais a ação ou opção que está caindo de preço, sendo assim, você tenta fazer com que na média seu preço de compra abaixe.

Veja o exemplo:

A ação preferencial da empresa Vale do Rio Doce, conhecida como VALE5, foi comprada por você pelo preço de R$ 71,00.

Lote de 1.000 ações a R$ 71,00 = R$ 71.000,00

A ação caiu de preço e chegou a R$ 64,00, ou seja, o seu lote de ações custa agora R$ 64.000,00, você perdeu R$ 6.000,00, então resolveu fazer preço médio. Comprou mais 500 ações a R$ 64,00, entrando com um capital de R$ 32.000,00.

No total você possui agora 1.500 ações da VALE5, vamos calcular quanto você gastou:

Lote	Preço(R$)	Total (R$)
1.000 ações	71,00	71.000,00
500 ações	64,00	32.000,00
Total — 1.500 ações		103.000.00

Se você tem agora 1500 ações da VALE5 e pagou R$103000,00 no total, o preço por ação comprada está agora em:

103.000 / 1.500 = R$ 68,66

Ou seja, você está com a ação comprada na média mais barata do que antes, não é uma maravilha?

Não. Definitivamente não é.

Você deve estar perguntando o porquê?

Não se deve colocar dinheiro bom em negócio ruim, antes de fazer isso você tem que pesquisar e perguntar porque a ação está caindo tanto?

Nada impede que ela caia mais ainda e você estará cada vez se afundando mais, a não ser que você saiba exatamente o que está fazendo, não faça preço médio.

Segundo Warren Buffet, investidor mais rico do mundo no momento: *"Se você está no buraco, pare de cavar!"*

Veja algumas mensagens sobre preço médio:

Investidor Z

Preço médio é o quê?

Você quer dizer que talvez caia mais que isso?

Alexandre

Caro colega, o Investidor anterior estava certo nas mensagens, não é aconselhável fazer preço médio.

Preço médio é quando se tenta comprar mais ações porque o primeiro lote de ações que você comprou foi muito caro. Comprando o segundo lote mais barato, na média, você abaixa o preço final da ação.

Os investidores agressivos o conhecem como "preço MÉRDIO".

Não é aconselhável.

Lição do dia:

Não faça preço médio em opções em nenhuma hipótese! Em ações, só faça preço médio se estiver com certeza do que está fazendo, pois você está tirando dinheiro bom para colocar em uma situação ruim, não esqueça disso!

OPÇÕES

Opções são derivativos, ou seja, deriva de algo adjacente. Falarei aqui apenas de opções de ações, mas o conceito e o fundamento são os mesmos. As opções de ações não são ações, são o direito de comprar ou o direito de vender uma ação por um determinado preço no dia do seu vencimento. As opções no Brasil são do tipo americanas, isto quer dizer que elas podem ser exercidas a qualquer dia antes ou no vencimento.

Ao querer investir em opções, entenda:

Lição do dia:

OPÇÕES SÃO UMAS PORCARIAS E VICIAM!

É Imprescindível que você nunca esqueça de repetir isso, repita isso várias vezes na sua mente, pois será a sua única forma de não perder com o tempo investindo em opções.

É claro que não são porcarias, mas é bom não dar muito valor a elas, então, a melhor forma para não dar valor é acreditar que são umas porcarias.

Elas viciam e tomam conta de você de tal forma que se você não tomar cuidado, acabará achando que o erro é seu e não delas (opções). Elas são umas porcarias porque têm hora para acabar, então, você está valorizando algo que em um determinado tempo (este tempo é chamado de vencimento) irá acabar.

Os livros que falam sobre investimentos em opções mostram claramente o que eu digo na minha memória. Se você ainda não acredita que um dia irá afundar todo o capital que tem nisso é porque você já estudou bastante, leu livros sobre opções ou está apenas fazendo hedge.

HEDGE

Significa que você está operando opções apenas para remunerar a sua carteira de ações. É a melhor forma de você não perder muito em opções e até remunerar sua carteira freqüentemente, aumentando a quantidade de ações da mesma quando obtiver lucro nas opções.

Separe um dinheiro relativo de sua carteira para isso, mas nunca use um valor substancial relativo a ela.

Exemplo:

Tenho R$ 30.000,00 na carteira de ações. Eu, na minha experiência de cinco anos de mercado de ações, separei 6% da minha carteira para operar em opções e no pior dos casos, 8%. Este valor irá variar de acordo com o seu perfil. Se você é mais agressivo no investimento, irá usar valores maiores e se você é iniciante, aconselho usar apenas de 2 a 5%.

Você deve estar se perguntando, porque aumentar o investimento no pior dos casos (crise)?

Isto ocorre porque, nesse momento, suas ações terão o menor preço e, como a opção é derivada do preço da ação, ela estará com o preço baixíssimo.

Se você já está com o capital investido em opções, antes da crise estará com suas opções valendo R$ 0,01 ou ela terá virado pó, ou seja, não terá valor algum.

Relatarei alguns fatos com opções:

Mensagem ao Investidor Sérgio:

Muito cuidado ao operar em opções...

Na compra de uma opção de compra (OPC) você pode perder tudo o que investiu.

No lançamento de uma opção de compra, você fica com suas ações bloqueadas até o dia do vencimento.

Na opção de venda é mais complicada ainda.

Estude muito, pois como todos falaram é muito arriscado.

A sua corretora, apesar de negar a compra de opções por não entender como ações, pode operar sim com opções, para isso você tem que se informar melhor com ela.

O ruim da opção, é que...

Ela é igual a traficante que no começo corteja o viciado, dá droga de graça, até a pessoa se viciar. Com a opção é a mesma coisa, você passa a achar normal ganhar um carro numa semana de alta forte, mas quando vem uma "patada" forte você, com certeza, estará alavancado em uma posição e só restará desabafar nos sites de relacionamentos.

Amigo Rodrigo respondeu:

O máximo que eu fico com uma opção na mão é 30 minutos ou se ela estiver me dando um prejuízo de 5% ou mais. Se uma opção não está dando lucro neste tempo, para mim já não vale a pena O que mata neste tipo de estratégia é quando você resolve assumir um pequeno prejuízo e a vê logo em seguida deslanchando.

Outra coisa que eu faço é escolher as opções com maior volume e que estejam custando entre R$ 0,50 e R$ 0,90. Agindo desta forma, você evita o que aconteceu no capítulo "perdi tudo".

36 ►► Memória de um Operador de Home Broker

Muito cuidado ao operar em opções. Há bons investidores que ganharam muito, mas no início de suas palestras dizem:

Ninguém aqui perdeu tanto dinheiro quanto eu em opções!

Resposta do criador do fórum:

Já vi que o assunto é realmente muito mais extenso do que pensei.

Quanto posso ganhar em um mês operando em opções de uma forma bem controlada, sem me arriscar muito... 2 ou 3 %???

Então, respondi ao Rodrigo:

A sua estratégia dos 30 minutos é muito boa, mas dá aquela sensação horrível de vê-la subir. É uma técnica mais segura, só que eu não agüento.

Eu prefiro investir apenas o que eu posso perder, lembra da H52? Fui confiante no daytrade e nada, dei sorte de vender no dia seguinte, mas se tivesse perdido já estava emocionalmente e financeiramente preparado.

Do meu jeito não dá para investir muito, então acho que é uma estratégia boa também.

O amigo Rodrigo respondeu:

Alexandre

O outro grande segredo desta técnica é que com qualquer dinheiro que eu ganho acima da corretagem fico feliz, o ruim é quando você erra o ponto de compra e, além do prejuízo com o "trade", lembra da corretagem, dos emulentos, etc.

Investidor João, leia com atenção, pois sua dúvida pode ser essa:

Operar em opções é bom quando a pessoa tem tempo para acompanhar os papéis ou só no caso contrário? Pois se tiver tempo de acompanhar o HB, ele pode não vir a realizar prejuízos, o que seria difícil, uma vez que estivesse operando com opções.

Então respondi:

O risco é alto!

Você pode perder tudo!

O que se faz é colocar pouco dinheiro ou garantir o risco (chamado de risco calculado).

Aconselho-o a ler:

INVESTINDO EM OPÇÕES - Bastter

Aqui no fórum, tem pequeno investidor que faz daytrade mesmo! Igual a mim, ao meu amigo Rodrigo, entre outros.

Então me despedi do site:

Investidor Sérgio, espero ter ajudado. É realmente mais complicado do que se parece, mas não impossível de se operar.

O que o amigo falou é importantíssimo, a opção vicia. É impressionante!

Ela te prende no Home Broker se você não tiver controle!

Por isso, o que aconselho é ler bastante sobre o assunto.

No final, o autor do tópico respondeu:

Ajudou muito! Todos ajudaram!

Este é o objetivo deste fórum, tenho certeza de que muitos outros devem estar tirando proveito das observações de vocês, pois estão falando de suas experiências e não especulando sobre o assunto!

O impressionante é que os operadores têm esquecido das ações que são bem mais seguras para daytrade. E, no pior dos casos, você fica com as ações, então não é tão ruim. A opção tem vencimento para acabar e desvaloriza com o tempo. O que é péssimo se não vender.

O problema é a ganância e a ambição. Algumas histórias de riquezas sobre opções estão causando isso. Mas o pessoal vai ver aos poucos que isso é raro.

Lição do dia:

ATENÇÃO

Com opções você pode perder tudo! Leia os próximos capítulos!

Opções Viciam!

O que tenho a dizer para você, caro leitor, é que operar em opções a seco é muito perigoso, porque esta operação faz com que aumente as suas chances de perdas. Mas tenho que confessar que só não estou ganhando com isso, porque perdi em ações na queda da bolsa, o que consumiu os meus lucros nessa operação.

Aconselho-o a operar bem pouco, nunca um valor significativo e não faça preço médio em opções operando a seco. Eu aplico apenas 10% da carteira e nunca de uma vez só.

A maioria dos "trades" na internet faz hedge. Quando eles lêem as mensagens fora do contexto da operação a seco, ficam revoltados com as minhas declarações e críticas sobre a opção e eles têm realmente razão para reclamar.

Com hedge o risco é calculado, podemos fazer várias operações e é uma excelente maneira de remunerar as ações, pois realmente pra isso é que elas existem! Mas não adianta, vira e mexe tenho que discutir com alguém sobre o assunto, pois eles acham que eu critico as opções para o investimento de taxa, o que não é verdade. Operar em opções para fazer hedge em sua carteira é muito bom e correto, pois foi para isso que as opções foram criadas.

Mas Hedge não tem nada a ver com esse capítulo do livro, então, sendo mais objetivo, posso dizer que se você opera diariamente no Home Broker de sua corretora, tome muito cuidado ao fazer compras a seco em opções, elas realmente viciam.

Outra informação: se você já tem um capital significativo que pode ser alavancado em 20 anos, não entre em operações de compra de opção.

Após as críticas, enviei uma mensagem:

O que foi falado anteriormente e em mensagens na internet está perfeito. Para operar a seco é necessário ver os índices externos, DJ, etc. e índices internos da ação para saber se está tudo bem e se vai ter euforia e subir.

Daytrade com ações, eu só faço descoberto! (essa operação não pode ser feita no Home Broker). Fazer a descoberto é vender a ação sem ter e esperar ela cair e depois recomprá-la mais barato, mas não aconselho ninguém a fazer isso, mesmo porque só faço, em média, três vezes ao ano. Evito fazer muito daytrade a descoberto com ações, pois é muito arriscado.

Quando você acerta em uma compra de opção e ela dispara e você tem um lucro gigantesco em um dia, como por exemplo 200%, sua alegria é tamanha que há uma descarga de serotonina no seu cérebro que te deixa em um estado de êxtase.

Isso faz com que seu corpo e seu cérebro queiram isso de novo, inconscientemente. É aí que você tem que tomar muito cuidado.

Se você, por acaso, perceber que está muito incomodado por estar longe do seu notebook ou do seu PC em um dia de súbita alta, este é um sinal de que você não está bem.

Este capítulo é curto, mas é necessário, pois todos que operaram em opção desse jeito, um dia se sentiram assim, então, considere o aviso dado.

Lição do dia:

 Operações com opções a seco viciam, tome cuidado!

PERDI TUDO

Você deve estar ansioso pra saber como foi que perdi todo o meu dinheiro investindo em ações e opções? Nesse caso, você não conseguirá saber, porque eu não perdi tudo.

Aprendo com os erros dos outros e é exatamente isto que eu quero que você, caro leitor, faça ao ler esse livro.

Aprenda com seus erros e com os erros dos outros também!

São importantes os relatos e fatos que irei relacionar, porque, perder tudo, é mais comum do que se imagina. Não quero desfazer de ninguém ao tratar desse assunto, quero apenas ajudar e apontar as falhas nas operações que nunca devem ser feitas, repito, em nenhuma hipótese!

Veja o relato de um investidor que, para desabafar, criou uma página falsa com outro nome, inclusive pelo texto você irá perceber que é uma mulher.

Mensagem de Ana, página falsa:

PERDI TUDO O QUE TINHA NESTE 1º SEMESTRE DE 2007

Comecei a operar há exatamente um ano, comecei bem, ganhei algum dinheiro. Depois de um tempo comecei a operar em opções.

Apesar das leituras e depoimentos de terceiros não me contive e continuei porque estava ganhando. Lembro-me de uma semana que ganhei quase 40 mil reais só com opções. Não me contive porque sempre que fazia daytrade, ganhava. A ambição me tomou.

Perdi um dinheiro no ano passado, mas em janeiro desde ano, recuperei tudo e poderia ter saído desde caminho de opções.

Mas em fevereiro, veio a queda da bolsa chinesa e a ânsia de recuperar me fizeram perder mais.

Em março perdi mais um pouco.

Em abril recuperei e meu otimismo voltou na mesma medida. Meu medo e a noção de ganhar e perder dinheiro ficaram difusos.

Em maio tive o melhor resultado, R$ 6.000,00 mil só operando opções. Entretanto, já não tinha mais uma boa carteira de ações porque precisei ficar líquida para continuar "tendo bala" para as opções.

Junho, eu comecei a perder de novo. Perder o dinheiro e a sanidade. Fiquei louca!

Julho, eu vendi tudo que tinha, todas as minhas ações e comecei a operar opções a seco. Um pouco próximo do vencimento da série, acabei vendendo tudo e para o meu azar houve uma grande recuperação.

Em agosto, já comprado com a serie H(agosto) vi o meu fim. Nessas últimas duas semanas de queda, com a minha insistência, perdi tudo. Hoje vendi minha ultima opção (Petrh52 que comprei por 0,80 vendi por 0,02)

No total, perdi R$ 90.000,00 em um ano.

Estou muito triste, depressiva. (notamos que é uma mulher!) Hoje, marquei consulta com um psiquiatra, preciso de remédio e também de uma terapia. Já pensei em colocar mais dinheiro de minhas reservas na minha conta da corretora, mas ainda estou resistindo a isso. Hoje, penso mais no meu futuro e em segurança.

Minha empresa também está à beira da falência, perdendo participação no mercado e agora com este avanço do dólar, vai ficar mais difícil cobrir o gasto porque dependemos de fornecedores externos.

Não sei porque estou escrevendo essas coisas aqui, talvez para desabafar ou trazer um breve alívio que não tenho mais.

Minha Análise:

Mais um caso de falência em opções.

Nesta mensagem, sendo falsa, ou não, podemos aprender bastante, pois sempre aparecem novos operadores agindo assim.

Lição do dia:

 Aprenda com os erros dos outros também, assim você não perderá a sua saúde.

Mesmo que você leitor tenha perdido tudo, não se preocupe, acredito que aos poucos você conseguirá o dinheiro novamente, e se continuar operando em bolsa, acho que seria plausível estudar muito e se tornar um operador consciente.

Eu possuo um amigo que usa a página com o apelido "Maumal", veja o que ele respondeu:

As opções

As opções dominam você, isto pode ser verdade sim. Tem livros fabulosos que contam casos desse tipo. Nós cansamos de ver pessoas nos fóruns empolgadíssimas com isso e se vocês "stoparem", como estão falando de R$ 0,80 para R$ 0,20, vocês dificilmente ganhariam dinheiro através do tempo, pois no caso da opção não dará certo, ela varia 50% em média 2 vezes por semana.

Meus Conselhos:

💰 Não opere todo o seu dinheiro:
Isso aqui não é poupança.

💰 Se você caiu, você levanta:
Livermore, um dos maiores especuladores do mercado internacional, caiu três vezes e se levantou quatro.

💰 Pelo jeito, ela operava agressivamente, nesse caso, é essencial que estude bastante e cuide de sua saúde.

Pensamento do "Maumal", que disse que leu em um livro de literatura de cordel:

Ambição
Ambição todo mundo tem

O Homem muito ambicioso nunca fica bem
Pois arrisca tudo que tem
Por algo que lhe convém

Literatura de cordel

Voltando à minha análise sobre o fato, respondi na página de relacionamentos:

Muito simples. Perdeu tudo porque investiu tudo, muitos dizem, que operar a seco é ruim, mas não é verdade.

Neste dia, refleti novamente sobre perguntas que devem ser feitas ao operar em opções.Para qualquer operação com opção a seco, temos que fazer duas perguntas essenciais:

Estou disposto a perder tudo isso que estou investindo?
Vale a pena investir X para ganhar Y?
Se a resposta nas duas é SIM, tudo bem, invista!
Se tiver um NÃO caia fora!

PERDI TUDO ▶▶45

"Opções não são ações de um real, elas têm hora para acabar!" - Maurício Hissa.

Agora as mensagens aqui estão ótimas. Uma é do Marcel falando do Stop, está certíssimo, ele falou: usar a ferramenta de STOP também "dá violino³", a não ser o "STOP CURTO" que para opção não serve de nada!

Um investidor entrou no fórum criticando opções e falando de suas operações, que tinha perdido tudo, analisei a mensagem e respondi:

> Teve lucro de 200% em opções e não vendeu? Isto nunca pode acontecer, senão, está querendo perder em opção a seco.
>
> Desculpe, mas você perdeu tudo também porque errou nas operações.
>
> Mais um que foi a falência pelas opções...

Já tinha observado, como eu operava, e relatado anteriormente, mas a história desses investidores, sendo verdade ou não, me fez fortalecer esta técnica em opção:

Lição do dia:

Para qualquer operação com opção a seco temos que fazer duas perguntas essenciais:
Estou disposto a perder tudo isso que estou investindo?
Vale a pena investir "X" para ganhar "Y"?
Se a resposta nas duas é SIM, tudo bem, invista!
Se tiver um NÃO, caia fora!

---

3 "dá violino" ou "levar violino" = gíria usada nos sites de relacionamentos para indicar prejuízos

As Emoções nas Operações

Operações financeiras nunca podem ser feitas com a emoção, sempre com a razão. Se você acha que perdeu em uma operação por medo, esqueça esse pensamento, pois ele é totalmente incorreto, pois haverá um dia em que você vai perder também por excesso de coragem.

Medo e Coragem:

Mensagem de um forense anônimo:

Eu costumava ter mais coragem antigamente, na minha análise tinha dado um ponto de compra na "h46" em R$ 0,50 mais ou menos, isso quando ela estava a R$ 0,45 e eu fiquei com medo, deixei de ganhar 100% num trade por medo. Crise maldita!

Prontamente respondi, mais um investidor preocupado:

Não é medo...

Eu sei, caro investidor, mas não podemos perder o fundamento das coisas...

Guarde essa informação, não podemos usar o raciocínio das emoções, não é o medo que te faz perder e sim a técnica...

Neste momento respondi a técnica que todos esquecem ao operar em opções:

É importante, quando você opera a seco, fazer duas perguntas:

- Estou disposto a perder tudo que eu colocar aqui?
- Vale a pena eu investir X para ganhar Y?

Se a resposta nas duas for sim, então aposte.

Sempre pequeno, é claro.

Infelizmente, eu também não ganhei nada naquele dia com a H48 porque não estava disposto a pagar R$ 0,08, pois para mim a resposta da primeira pergunta era não e a segunda era sim.

Mas não tem jeito, tem que ser assim, em opções a seco, encarar como uma simples aposta.

Quando operamos próximo ao vencimento é gostoso porque você não espera muito e sabe que não tem mais tempo.

Então o tempo não está mais contra você. Só serve pra se divertir.

Operar a seco é bom com ações OTM, mas o tempo está contra você. E com a crise... tudo está contra!

MEDO DO DAYTRADE

Fazer um daytrade é operar no mesmo dia o lote de ações ou opções que você comprou ou vendeu, veja:

Vendeu o papel no mesmo dia que comprou

Comprou o papel no mesmo dia que vendeu.

Muitos têm medo de operar desse jeito por desconhecimento das operações ou não querer pagar impostos específicos dessa operação.

Veja outro relato que mais uma vez me prontifiquei a ajudar:

Mensagem de uma investidora desesperada (anônimo)

É uma droga!!! Queria muito fazer daytrade, ensaiei várias vezes e acabei não fazendo nada. Que ódio!!! Queria ter menos medo...

Respondi à amiga:

Se quiser tirar o medo de daytrade, opere muito com ações e nunca a descoberto.

Principalmente em dias como esses, com os mercados todos em alta. Não esqueça que tem que pagar os 20% de imposto sobre o lucro do daytrade até o último dia útil do próximo mês.

Na pior das hipóteses, você irá "dormir com elas"(ficar com elas para o dia seguinte), o que não é tão ruim porque o tempo não joga contra você, mas em opções a coisa é diferente. Ela tem vencimento, então, cada dia que passa, ela tende a perder a sua força.

A Ferramenta Stop Loss e Stop Gain

As ferramentas de Stop são ferramentas internas da corretora que põe para vender ou comprar o ativo por um determinado preço.

Ela serve para proteger das perdas (Stop Loss) e parar os ganhos (Stop Gain).

Exemplo de Stop Loss:

Minha ação X está com a cotação de mercado em R$ 55,00, não quero que ela chegue aos R$ 54, 00, pois senão começo a perder muito o meu lucro, eu a tinha comprado por R$ 52,00, então busco a ferramenta de Stop da corretora e marco em R$ 54,01 com o preço a R$ 54,00.

Isto quer dizer que se a ação chegar em R$ 54,01 minha corretora irá disparar uma ordem de venda de R$ 54,00 e irá vender a minha ação ou ativo qualquer se fosse outro exemplo.

Dei uma parada na minha perda em R$ 54,00.

É aconselhável colocar o preço de disparo superior ao preço de venda, pois algumas corretoras demoram a lançar a venda e quando isto acontece, a venda não é exercida porque o preço da ação já caiu abaixo do valor que você colocou pra vender.

No exemplo, se a corretora demorar muito para lançar a venda quando ela entrar o preço da ação poderá estar em R$ 53,96 e ninguém vai querer comprar por R$ 54,00.

Aos poucos você irá perceber a velocidade da operação deste mecanismo na sua corretora e aí poderá ajustar seu preço em relação ao disparo.

Exemplo de Stop Gain

Você já está no lucro com a ação a R$ 55,50 e ela já atingiu seu preço alvo de venda, mas continua subindo, então você ajustou a ferramenta Stop gain da sua corretora para ela vender em R$ 60,00 e a Stop Loss em R$ 55,00, ela continua subindo, nesta situação você fica tranqüilo pois você estará no lucro sempre pois a comprou por R$ 52,00 e na pior das hipóteses ela será vendida por R$ 55,00.

Lembre-se de ajustar o preço de disparo diferentemente do preço de venda ou compra da ação, devido ao atraso do mecanismo de operação da corretora, a corretora com qual eu opero não demora quase nada e mesmo assim eu coloco com diferença de R$ 0,02 por via das dúvidas.

As ordens Stops também podem ser canceladas desde que não tenha sido efetivado o negócio.

Existem corretoras que não operam com essas ferramentas, se você é um grande investidor e sua corretora não possui esse recurso, mude imediatamente de corretora.

DESVANTAGENS DA FERRAMENTA STOP

Uma das grandes desvantagens da ferramenta Stop é o uso indevido desta ferramenta sem o conhecimento adequado do ativo que está operando. Existem ativos que não podem ter ordem de disparo curto (próximo ao preço), porque sua volatilidade é tão alta que fará com que você seja vendido quase todo o tempo gastando taxas de corretagens sem a mínima necessidade.

Outra grande desvantagem é a que foi relacionada anteriormente, que é a lentidão do processo. Ambas as desvantagens são facilmente resolvidas pelo próprio operador do Home Broker que irá perceber o tempo de demora do envio da ordem ajustando o preço de disparo e o de venda, e também conhecendo o ativo em que está operando.

Em tempos de crise, não é aconselhável usar o Stop, pois você será vendido com certeza devido à alta volatilidade do papel. Neste caso, o conselho é ter ficado líquido no melhor preço e esperado a crise passar.

STOPS EM OPÇÃO

Não aconselho usar Stops em opção a seco, mas conheço muitos operadores que usam com sucesso, principalmente com opções ITM (muito dentro do preço), apenas não sei como atingir o êxito ou desconheço a veracidade.

Com relação à minha experiência, Stop em opção poderá ser usado com bastante eficiência apenas em Lançamentos de Opção. Com técnicas que não serão aqui relatadas, como BOI, VACA, BODE, etc.

Se você deseja operar lançando opções, aconselho ler o livro "**Investindo em Opções**" do Maurício Hissa.

Algumas mensagens indicam o uso de Stops em opção para comprar e para vender a seco, mas eu desconheço a sua eficiência.

Mensagem: engraçado...

Como as pessoas são teimosas, se um bagulho com VENCIMENTO cai abaixo dos 50% investidos, por que mantê-lo ainda?

Se tiver travado, vai lá, perda limitada. Mas assim... poxa! Comprar um negocio aR$ 0,80 ou R$ 0,50 e ver chegar a R$ 0,30 ou R$ 0,25 e não fazer nada?????? Aí chorar as minguas e realizar a R$ 0,02???????????????????????

Respondi prontamente,

Alexandre, meu xará.

Se você fizer isso em Opção ela vai acionar o Stop na metade das vezes, pois todo dia cai uma opção a 50%, então com o tempo você vai perder, veja bem, estamos falando em operações a seco.

A não ser que você esteja falando das ITMs, ou está comprando por tendência e não volatilidade, que nessa crise É IMPOSSIVEL, mesmo assim, não vale a pena pois elas demoram a variar pra cima também, mas cada um com seu cada um.

Stop é bom, curto, em ação é muito bom, mas para a opção não serve porque tem grande volatilidade e prazo curto.

Sem a crise é possível o uso de Stops sem sustos em opções, mas não a vejo como uma grande garantia de sucesso operando a seco.

OPERANDO A SECO EM OPÇÕES

Hoje estou usando uma nova técnica mostrada pelo investidor desconhecido que utiliza uma página falsa no orkut usando o nome de Rodrigo.

Ele comenta que utiliza a compra de uma opção de compra (OPC) e coloca "Stop" através do tempo, ou seja, a deixa por 30 minutos, se esta opção não tem uma tendência de alta ele vende e assume o prejuízo, mais as corretagens. A princípio eu achei esta dica muito estranha, mas depois, analisei melhor e vi que poderia ter lucro nessa operação, pois eu acertava muito mais do que errava no momento de compra.

Esta técnica só funcionará se você acerta mais na hora de comprar as opções, se não é seu caso, não a use!

Comprei uma Petrl54 com tendência de alta a R$ 0,17 ela caiu a R$ 0,14, mas ainda não tinha atingido o tempo de 30 minutos então esperei e ela subiu até R$ 0,19, coloquei para vender em R$ 0,21, então, tive:

Compra	0,17
Venda	0,21
Lucro	0,04 lucro maior que 22% (retirando as taxas de corretagens do dia).

Caro leitor, os valores acima são multiplicados por mil ou dez mil, dependendo do lote de opções que você comprou.

Lição do dia:

Nunca deixe de operar uma nova técnica, mesmo que esta pareça muito absurda, pode ser que você esteja errado. Mas opere apenas experimentalmente, com valores baixos.

Para operar a seco não esqueça da Lição anterior:

Para qualquer operação com opção a seco temos que fazer duas perguntas essenciais: Estou disposto a perder tudo isso que estou investindo?
Vale a pena investir **X** para ganhar **Y**?
Se a resposta nas duas é **SIM**, tudo bem, invista!
Se tiver um **NÃO** caia fora!

Mesmo operando a seco em opções, aconselho a fazer hedge, ou seja, coloque os seus lucros parciais, que você obteve operando a seco, na carteira com compras de ações sólidas que são expectativas ao longo prazo, assim você estará remunerando sua carteira que em breve lhe dará bons lucros e dividendos.

Se você quer saber o quanto vai investir nessas operações, vou tentar ajudá-lo agora:

Transforme 6% da sua carteira de ações em dinheiro, este você irá usá-lo para operações em opções a seco.

Verifique se esse valor é muito grande para você perder tudo, se você tiver dificuldade em perceber a realidade, então, transforme esse dinheiro em patrimônio de consumo, tipo, carro, casa, motocicleta ou algo que você deseja muito.

Neste momento, se seus 6% forem equivalentes ao valor de um carro popular, por exemplo, imagine perder um carro, você logo perceberá a importância desta técnica. Quando você trabalha com dinheiro demais, normalmente perde a noção do que ele representa para você ou então super valoriza o dinheiro, ambos os pensamentos são ruins, por isso a necessidade de materializar os valores em algo que você possui ou deseja, para ter a real noção do que está fazendo. Esta materialização é comum quando se perde um valor nesses investimentos, é muito comum você chegar a conclusões, quando se perde, do tipo: - Perdi uma tv de plasma! Mas quando se está ganhando ou investindo antes da perda, você não percebe ou não quer perceber o volume de dinheiro que está investindo e que poderá perder.

VOLTANDO AO MERCADO

Dia 31 de agosto de 2007, Petrobrás ON sobe +4,95%, opções com aumentos de 100%, estou feliz.

Agora estou no dia da independência e é impressionante. Um mês e meio foi o suficiente para o mercado se recuperar e eu estou aqui, sobrevivi, com as técnicas apresentadas e estou no lucro de 8% em dois meses. Isso mesmo, lucro de 8 % na minha carteira no dia 7 de setembro de 2007 e viva a independência!

É importante frisar que poderia estar bem melhor se tivesse feito bem antes o que aconselha o meu livro, entre outros. Fiz um pouco atrasado, mas não muito, pois estou aqui, vivo e no lucro, mas lembre-se: se você está ganhando muito, é porque alguém está perdendo, principalmente em opções. Nas ações, ainda existe o fator produção e prosperidade que deve ser levado em conta, então, não posso considerar o mesmo raciocínio, de ganhar muito porque alguém perdeu muito, em ações.

Segundo o livro "**Os axiomas de Zurique**" página 69, a forma de ficar rico não existe, mas incoerência é que o nome do livro é axiomas, o que significa regras absolutas, o que dá no mesmo que fórmulas. É estranho...

56 ►► Memória de um Operador de Home Broker

Irei contar como opero a seco em opções, no início cheguei a operar metade do meu dinheiro, isso me fez perder muito dinheiro através dos tempos, mas hoje utilizo as porcentagens relacionadas já no livro.

O primordial é que se você não gosta de matemática ou não tem facilidade para essa disciplina, esqueça opções a seco. As operações em opções exigem cálculos complicados e rápidos em determinados momentos. Se você mesmo assim quiser operar em opções, faça operações de taxa ou opere a seco apenas com um bilhete, conhecido como "Bilhetão", mas este último só serve para se divertir mesmo.

O princípio de se operar a seco em opções é não esquecer que ela a partir da data de exercício não valerá quase nada e entender que ela é um derivativo da ação. Antes de operar com a opção da ação a seco, estude bem o movimento da ação e como a opção se comporta através desses movimentos e tempo de proximidade ao exercício.

Veja o exemplo do dia 4/09/2007

Preço	(Prêmio)	Variação do dia	Preço de Exercício	Data do Vencimento
PETRJ52	R$ 3,70	+25,42%	R$ 51,58	15/10/2007
PETRJ54	R$ 2,50	+34,40%	R$ 53,58	15/10/2007
PETRJ56	R$ 1,55	+33,62%	R$ 55,58	15/10/2007
PETRJ58	R$ 0,90	+34,32%	R$ 57,58	15/10/2007
PETRJ60	R$ 0,54	+35,00%	R$ 59,58	15/10/2007
PETRJ62	R$ 0,23	+0,00%	R$ 61,58	15/10/2007
PETR4		R$ 53,50		+2,02%

Onde:

💰 **Nome** = nome como é chamada a opção

💰 **Preço** = valor de mercado em que você poderia comprar ou vender a opção

💰 **Data do Vencimento** = as opções série J (exemplo PetrJ56) têm vencimento em outubro, as L em novembro, as M...

💰 **Preço de exercício** = preço de quanto você pagaria por cada ação se você chegasse a ter a opção de compra na data de vencimento.

Repare que a opção de compra é o direito de você comprar uma ação na data do vencimento pelo preço de exercício, que no exemplo da Petr52 é R$ 51,58.

O prêmio é o preço que paga para ter esse direito ou o preço que se vende, dando esse direito (lançamento) ou repassando o direito (venda) que estava em suas mãos.

Mais tarde falarei de lançamentos, operar a seco não tem nada a ver com lançamentos e não será tratado nesse capítulo.

Na tabela acima, repare que o preço de exercício da PetrJ54, estava no preço da ação Petr4 a R$ 53,50, com uma diferença pequena e insignificante de R$ 0,08, essa opção é conhecida como (ATM), que significa no preço em inglês. Ela está valendo para compra ou para venda o prêmio de R$ 2,50.

A PetrJ56 tem o exercício em R$ 55,58 e a ação está mais barata R$ 53,50 no dia 4/09, ela está acima do preço da ação isto quer dizer que ela está (OTM) que significa, em inglês, fora do preço. Se você comprar esta opção você está apostando que a ação Petr4 irá subir. Se alcançar, nesse mesmo dia ela chegará a R$ 2,50, mas isso é raro, o que normalmente acontece no mercado em alta é a ação subir, mas na maioria das vezes, demora um pouquinho para isso, talvez alguns dias.

A petrJ56 ou qualquer da série J irá vencer no dia 15/10. Na medida que ela chegar próximo ao seu vencimento, ela vai perdendo seu valor de compra ou venda (prêmio), essa variação é conhecida como "Theta", e essa letra grega é muito falada em outros livros de opções. O que você deverá saber sobre o "Theta" das opções, para operar a seco, é apenas o fato que quanto mais ela se aproxima do vencimento mais a opção perderá o seu valor de compra ou venda em relação à mesma situação se estivesse com mais tempo para exercer.

Em outras palavras, se no dia 11/10 a ação da Petrobrás Petr4 chegasse ao valor do preço de exercício da PetrJ56, que é R$ 55,58, ela estará ATM mas provavelmente não estará valendo R$ 2,50, como no exemplo da tabela da página anterior, a PetrJ54 (ATM) estava valendo no dia 4/09. A proximidade desvaloriza as opções, não é um negócio de longo prazo e nem poderia porque elas têm tempo para acabar.

OPERANDO

O que eu faço atualmente é verificar índices externos de mercado, como Down Jones, Risco país, dólar e estar atento às notícias externas, internas e sobre a ação que vou operar a sua opção, você pode utilizar análise gráfica também, mas sempre no "Intraday".

Se os indicativos forem positivos e a alta no mercado Bovespa for uma conseqüência, então compro uma Opção OTM e espero ela subir e tento sempre vender no mesmo dia com um lucro de 30%, ou menor, se não conseguir tento vender no dia seguinte.

Caso aconteça uma variação brusca para baixo no papel onde a opção é derivada, procuro vender com um prejuízo mínimo. Existem colegas que usam o Stop, entram comprando e calculam um risco mínimo tolerável e botam para vender, com prejuízo (Stop Loss) ou com ganhos (Stop Gain).

Por enquanto estou apostando os 6% em compras pequenas e apostando tudo sem Stop, ou seja, se a opção cair, aguardo o outro dia até subir. Nesta operação, deverá ser sempre evitada a compra de opções próximas ao vencimento (menos de 13 dias para o vencimento).

Ainda entro em operações próximas ao vencimento, mas essas são conhecidas como Bilhetes, que consistem em comprar pouquíssimas opções próximas ao vencimento e apostá-las. Esses bilhetes têm que ser apenas com opções ITM (dentro do preço), ATM (no preço) ou pouco OTM, pouco fora do preço, nunca muito OTM. Mais tarde falarei dessa modalidade de operação, muito divertida, mas pouco sustentável através do tempo.

O que eu estou fazendo não é tão simples, existem casos de perdas fabulosas.

Teve um operador experiente que disse que comprou 2000 unidades de Petrl56 a R$ 0,75 e estava desesperado porque estavam a R$0,50. Perguntou para mim se era aconselhável segurar ou realizar (vender) assim mesmo. Ele queria saber também se chegaria de novo aos R$ 0,75. Veja minha resposta:

SUA OPERAÇÃO COMEÇOU ERRADA!

No seu caso eu já teria saído, mas você não saiu, então:

Eu marcaria o Stop Loss em disparo a R$ 0,44 e preço limite a R$ 0,44.

(O preço dela estava em R$ 0,48, a mínima foi de R$ 0,45, mas o mercado estava em momento de realização porque a alta do dia anterior foi gigantesca)

(O título acima, foi porque o investidor tinha comprado na máxima do dia e isso é algo que nunca deve acontecer operando a seco)

Na minha opinião, você já tinha perdido na compra, mas veja porque eu marquei em R$ 0,45:

60 ▸▸ Memória de um Operador de Home Broker

2000 x 0,44 = 880(valor que receberia stopando)
2000 x 0,50 = 1000(valor que você receberia hoje)
2000 x 0,75 = 1500 (valor que você pagou)
Nesse caso, eu veria da seguinte forma, já perdi R$ 500,00 então to pagando mais R$ 120,00 para continuar no jogo.
É ruim quando acontece isso, mas acontece. Eu mesmo estava com uma opção 158 que não tinha colocado a ferramenta "Stop", não me lembro porque e em uma hora, ela caiu 100% e a meu dinheiro investido na opção não valia mais nada, então deixei pra lá e tive sorte, ela acabou me dando lucro.

No seu caso, você está com pouco tempo, mas a Petr4 está no canal de alta, então acharia melhor "pagar para ver"(quem perde quinhentos, perde seiscentos e vinte). Apenas minha opinião, não quero te influenciar, pegue as opiniões e utilize a que melhor convier.

Se quiser vender aproveite agora, pois no final irá subir um pouquinho.

Logo depois, ele me mandou uma mensagem dizendo que tinha vendido por R$ 0,50, ou seja, pelo cálculo ele vendeu com um prejuízo de quinhentos reais. O erro dele foi ter entrado com um dinheiro e não ter calculado o quanto ele poderia perder, além de ter perdido na compra, que é o que ocorre na maioria das vezes operando opções a seco, perdeu porque comprou errado.

Caso tenha percebido que pagou muito caro na opção de compra, venda logo pelo preço que estiver e assuma o prejuízo. Quanto mais tempo demorar, mais dinheiro irá perder.

Se perceber que estava enganado e ela não estava cara, recompre com um valor parecido, faça isso friamente, evite usar as emoções, mas aprenda que perdeu porque você errou e não foi erro do mercado, foi seu.

Lição do dia:

Comprando errado:
Caso tenha percebido que pagou muito caro na opção de compra, venda logo pelo preço que estiver e assuma o prejuízo.

A técnica então é bastante simples. Apenas comprar e vender opções, porém, com muitas regras que não devem ser esquecidas na compra nunca. Estas regras estão no livro, do início até aqui. Evite a ganância, você irá ver a sua opção com lucro de 30 % chegar a 150% de lucro, ficará tentado a esperar mais um pouco com a opção, mas não poderá fazer isso sempre senão perderá com o tempo. É tudo uma questão de probabilidade e de você tentar aumentar suas chances, nada mais. Separe o dinheiro que arrecadou e compre mais ações, não reinvista em opções. Quando sua carteira de ações subir 10%, então é o momento de aumentar seu capital utilizado para opções. Eu uso sempre 6% do total que eu tenho em carteira, quando o mercado está muito ruim, reduzo para 4%.

Hoje é dia 28 de setembro de 2007, estou fora do meu editor de texto e da página de relacionamentos por um bom tempo, entro apenas para ajudar e depois não respondo mais nenhum comentário. Isto ocorre porque tenho tido muito lucro nas minhas operações e normalmente quando se tem muito lucro acha-se que está sempre certo, o que eu sei, em meu íntimo, é que isto é uma tremenda idiotice. Ninguém está sempre certo quando o assunto é mercado financeiro. Então, como estou muito entusiasmado, achei melhor não me expor em público.

Vi amigos perdendo dinheiro (deixando de ganhar) porque confiou nos gráficos e vendeu um pouco antes suas ações, confiando na saída do papel do canal de alta, e logo após viu a ação disparar feito foguete, o que não tem nada demais, pois isso sempre irá acontecer, cedo ou tarde com qualquer investidor, mas o que entristece é vê-los tentando achar uma resposta no próprio gráfico que lhe prejudicou naquele momento de venda. O pior é que esse amigo leu a minha mensagem antes da subida, criticando sua decisão. Escrevi que provavelmente ele estaria errado com suas decisões, pois existiam outros fatores que deveriam ser considerados e não apenas gráficos. Era um momento de euforia externa mundial e a reentrada de capital estrangeiro aqui no país era praticamente certa, fazendo assim com que suas variáveis não pudessem ser tão exatas devido a outras influências, mas como eu disse, ele achava e ainda acha que Análise Técnica é tudo. É uma pena permanecer com essa opinião, pois ainda perderá muito dinheiro ou deixará de ganhar devido a essa linha de raciocínio.

As análises são importantíssimas para a tomada de decisões, funcionam como ferramentas que auxiliam a tomada de decisão de qualquer investidor em bolsa de valores, qualquer análise pode ser considerada assim, mas ela nunca deverá substituir a sua decisão final, pois esta decisão, reunirá todas as informações conhecidas e fará com que tenha uma linha de raciocínio final. Mas essa decisão deverá ser sua, sempre. Nunca entregue a qualquer análise a sua decisão, utilize as análises para decidir, mas não faça com que elas decidam por você.

Nós temos no mercado financeiro vários tipos de análises, como por exemplo: AF (Análise Fundamentalista), AT (Análise Técnica) entre outras. Todas são importantíssimas para a tomada de decisões em investimento, principalmente, no movimento de compra e venda ou estabelecendo preços alvos, aconselho sempre a consultá-las. Existem várias linhas de raciocínios nas análises, todas procuram determinar um padrão para o movimento de mercado. É muito interessante e aconselho a estudá-las, mas não façam-nas de "Bíblia de Investimento", utilizem-nas como ferramentas de ajuda para tomadas de decisões.

Se você é totalmente contra ou descrente em relação a essas análises, também está errado. Existe um fator que mesmo você que é totalmente contra, deverá aceitar. O mercado é feito de pessoas e estas acreditam nas análises, e, mesmo que a análise não tivesse nenhuma razão para funcionar, o que não é verdade, ela funcionaria. Sabe por quê? Porque se todos acreditam, ou a maioria, o mercado reflete essa crença e influencia de acordo com o que as análises respondem. É uma perfeita simbiose em determinados momentos.

Veja o exemplo que respondi para meu amigo, "canal de alta":

Quando o Papel entra no canal de alta, muitos investidores, que acreditam em análise técnica, compram o papel que está em canal de alta. Com esse movimento, o Papel estará em alta devido a essa crença em uma perfeita simbiose, veja:

Está em alta porque está no canal de alta, pois todos estão comprando e todos estão comprando porque está no canal de alta.

Muito interessante. Lógico que nem sempre é assim, mas na maioria das vezes existe essa dinâmica.

Sei que meu amigo ficou chateado com minha crítica, pois depois parou de responder minhas mensagens, pode ser que esteja achando que eu torcia contra o seu sucesso ou sei lá, só sei que ficou chateado.

Lição do dia:

Acredite em todas as análises, pois elas fazem parte do processo de investimento. Mas não faça com que elas decidam o que fazer com seu investimento. Decida você mesmo. Assuma o risco e caso erre, assuma o erro.

Pois bem, até agora relatei apenas as felicidades com as opções a seco, mas deixo claro que esse tipo de investimento é de muito risco. Nunca opere quando estiver ansioso, triste, ou feliz demais, pois uma atitude errada de compra sem Stop irá tirar todo o seu lucro em opções. Lucro de meses.

Como exemplo, falarei o que aconteceu comigo na PetrL84, onde perdi dezenove mil reais em 24 horas. As ações da Petrobrás tinham disparado devido à notícia de uma descoberta abaixo da camada de sal em Santos de uma reserva que equivaleria a 40% da produção total da empresa em uma década. Liguei o noticiário e vi o Presidente da empresa relatar que o início da exploração da mesma duraria uns oito anos. Achei: - isso vai demorar!

Porém, as ações dispararam de R$64,00 para R$ 82,00. Pensei:

Até aí, tudo bem. Vai baixar amanhã...

No dia seguinte, as ADRs (recibos de compra de ações de empresas brasileiras nos EUA) subiram 11% e as ações aqui começaram a acompanhar. As ações já estavam R$ 86,50. Pensei:

Até aí tudo bem...

Cheguei na minha casa de praia nesse dia, ansioso em operar, e tentei entrar nas opções que haviam disparado. As minhas opções que vendi por R$ 3,25 estavam simplesmente a R$ 13,30, uma sensação horrível!!!! Pelos meus cálculos, tinha deixado de ganhar 11 mil reais!!!

Até aí tudo bem..., ganhei R$ 400,00!

Mas ficou aquela sensação de perda! Mais uma vez, tentei entrar no mercado comprando e não conseguia, aumentava os preços e nada, o volume estava altíssimo! Aí....

Fiz tudo o que relatei para não fazer nesse livro:

Coloquei um dinheiro que não podia perder, sem calcular o que podia ganhar, no preço que estava aquela opção (petrl84) e não na oferta. Comprei quase na máxima!

A opção não subiu, parou de subir no exato momento da compra, e desceu e então perdi 2 mil reais sem dar tempo de ajustar a ferramenta "Stop".

Fiquei paralisado! Lembrei do livro "Axiomas de Zurique", ele fala esse termo mesmo! E não parou de descer!

Logo em seguida, uma hora depois, ela subiu até um prejuízo de 200 reais e então, ajustei o Stop.

O volume estava alto e quando estava ajustando o Stop consegui um ganho de 400 reais. Cancelei o Stop de venda e coloquei para vender no lucro, mas não deu tempo, a linha telefônica caiu, a internet era do tipo discada na minha casa de praia, e quando consegui restabelecer a conexão consegui por para vender. Quando percebi, ela já estava no prejuízo de três mil reais. Como faltavam 35 dias para o vencimento da mesma, deixei para lá o prejuízo e aguardei.

Só caiu e não subiu mais, faltavam 11 dias para o seu vencimento e ela valia 10 vezes menos do que valia quando comprei. Meus erros foram:

- 💰 Quando entrar em opção a seco, ou qualquer outro investimento, estabeleça uma estratégia na perda e no ganho e não a mude.

- 💰 Verifique suas emoções: não opere ansioso para comprar. Acalme-se.

- 💰 Se estiver fora, continue fora! Chegou na hora errada!

- 💰 Estabeleça o prejuízo no mínimo e não alimente esperança em opções a seco!

- Não reclame que teve pouco lucro, melhor sair cedo do que aumentar seus riscos de perda. A não ser que isso seja previamente calculado ou projetado.

- **Se for operar a seco, faça tudo o que foi relatado nesse livro ou terá que aprender com seus próprios erros.**

Bom, vocês já sabem como terminou essa história, não vou precisar relatar a tragédia que ocorreu no vencimento, mas deixo para vocês esse capítulo da minha verdadeira e fatídica história de investimento de operações a seco. Repita algumas vezes a última frase que está em negrito nessa página.

Ainda opero, pois como eu falei, quem errou fui eu e não o mercado.

Agora, é por sua conta e risco! Divirta-se.

BRINCANDO COM OPÇÕES!

As opções acabam rápido demais, ou seja, elas têm uma data de vencimento, mas para quem gosta de apostas e está no Brasil, onde é proibido jogar em cassinos e jogos de azar, existe uma forma de se divertir sem que inflija a lei. Eu, particularmente, não encorajo ninguém a fazer isso, mas como eu faço às vezes, me divirto e sei que outras pessoas fazem também, irei ensinar como "brincar com opções". Devemos antes estar atentos a dois fatores:

Lição do dia:

Brincar com opções é muito interessante! Brincar com opções não fará você rico e você não ganhará dinheiro fazendo isso sempre.

Operar em opções muito próximo do vencimento no dia ou um dia antes, faz com que as opções variem bruscamente o seu valor, principalmente as que estão OTM (fora do preço) um pouco apenas. São as chamadas operações explosivas. Essas operações são conhecidas como Bilhetes, ou seja, você compra um Bilhete (opção OTM) e se a ação subir, ela que não valia quase nada passará a ter um valor substancial.

Não façam estas operações quando o mercado está muito de lado, ou seja, pouco volátil. E não opere muito dinheiro, apenas pequenas quantias. Lembro vocês que é uma aposta pura e simples, onde você tem 33,3% de chances de acertar na melhor das hipóteses. Não me responsabilizo por eventuais prejuízos. Operar a seco nunca deve ser feito a menos de 13 dias do vencimento das opções. E nesse caso, você está fugindo das regras, pois estará operando a menos de dois dias do vencimento, espero que por pura diversão ou loucura (sorriso).

Veja alguns exemplos:

A Petr4 estava a R$ 45,20 e um amigo mandou uma mensagem dizendo que iria operar em um bilhete na H46, ou seja, se a ação subisse para R$ 46,50 ela iria valer R$ 0,50.

Eu, mais maluco que ele, e verificando que o mercado estava muito volátil, respondi:

Amigo, eu fiz pior...rsrsrs
Joguei um dinheirinho na H48 mas uma merreca mesmo e bem abaixo do que está agora.rsrsrsr

O amigo então alertou que a H46 era tranqüila para fazer uma fezinha e ainda tinha mais um dia para tentar recuperar, mas eu respondi, que ela poderia chegar a R$ 48,00, pois estava a R$ 48,20 o mês inteiro, mas expliquei a ele que era pura diversão mesmo, pouco dinheiro.

Ele respondeu:

Bom, a H48 já é puro jogo de azar...rs

Na verdade, todos esses casos são jogo de azar, mas eu teria muito menos chances. No caso do meu amigo, ele teria no máximo 33,3%, mas eu, com uma ação mais OTM, teria uns 2%, em compensação se isso acontecesse o lucro seria bem maior. Ele estava certo, essa operação só deve ser feita com pouco dinheiro e nas opções pouco OTM, mas ele estava errado por achar que a compra da opção dele não era Bilhete de azar, todas são nesse caso.

Lancei a R$ 0,07 e conseguir comprar... e ela foi a R$ 0,20...

O pessoal se empolgou, falei para vender logo, no dia, teve muita gente que guardou para o último dia achando que ia subir mais e perdeu tudo, mas foi divertido, para mim.

Lembre-se: para fazer isso, utilize as perguntas fundamentais para se operar a seco. NÃO ESQUEÇA DE FAZER AS PERGUNTAS.

Aumentando a Carteira com Opções

No início de 2007, li o livro citado na bibliografia que fala sobre lançamentos de opções. Achei muito interessante o método utilizado. Ele determinou como remuneração em carteira. Resolvi experimentar. Após várias tentativas e várias releituras do mesmo, verifiquei que esse é um dos melhores métodos de "alavancar" sua carteira de ações de forma rápida. Como eu sou iniciante nesse assunto, consegui pelo menos uma taxa média de 3,5 % ao mês de aumento na carteira, fora os rendimentos normais da bolsa e isso foi muito interessante.

Tentarei explicar como operar por taxa.

Primeiro, entenda:

Lição do dia:

Se você opera taxa fazendo hedge para longo prazo, terá que considerar as suas ações como "peças negociáveis".

Vou tentar explicar o funcionamento:

Quando você tem um lote de 100 ações de uma determinada empresa, você pode "criar uma opção e colocá-la a venda". No termo técnico, significa lançar a opção.

Entenda primeiro o que é uma opção de compra.

Exemplo do cotidiano:

Estou vendendo o meu carro por R$ 33.000,00. Um amigo meu quer comprar, mas só pode pagar no outro mês, então eu digo:

Se você quer meu carro no final do outro mês, vai ter que pagar R$ 34.000,00!

Ele topa.

Mas, eu quero uma garantia, então peço:

R$ 500,00 para segurar a venda até dezembro!

Ele aceita e me paga R$ 500,00.

Nesse caso, eu não posso vender para ninguém o carro até o final do outro mês e quando chegar a data ele ainda pode desistir da compra.

Agora, compare com a bolsa de valores:

- 💰 Preço do carro = preço da ação que está hoje;
- 💰 Preço do carro no mês determinado = preço do exercício da opção;
- 💰 Garantia da venda = preço da opção de compra (o quanto se paga para tê-la).

Exemplo de lançamento de opções na bolsa de valores:

No mês de abril tenho 100 ações da Petrobrás(Petr4). Cada ação custa R$ 44,00, então tenho R$ 4.400,00 investidos na Petrobrás.

Resolvo criar uma opção de compra para ser exercida no mês seguinte, ou seja, no mês de maio. O preço que eu estipulo para a compra das minhas 100 ações da Petr4 é o preço de exercício de R$ 46,00 para cada ação. Você quer que paguem R$ 130,00 nesta opção (garantia do exemplo anterior).

Então você irá lançar:

Opção	Preço	Lote
PetrE46	R$ 1,30	100

Onde:

E = vencimento no mês de maio

46= preço de exercício da opção. O quanto a pessoa pagará para ter a Petrobrás se tiver a opção de compra que você lançou (OPC). Ela terá que pagar R$ 130,00 como garantia.

Nesse caso, você está apostando que ele não irá comprar sua Petr4 a R$ 46,00, pois a Petr4 na época, segundo seus prognósticos, estará com o preço mais baixo no próprio mercado. Está apostando na baixa.

Se ele desistir de comprar a Petr4 em maio (não exercer), você ganha os R$ 130,00.

De R$ 4.400,00 você ganhou R$ 130,00, lucro de 2,95%, e você continua com as ações da Petr4.

Retirando a corretagem e emolumentos, 2,5% ao mês, dependendo da corretora.

Se ele comprar suas ações (exercer) a R$ 46,00, você também ganha os R$ 130,00 e também o lucro da venda da própria ação. Como no exemplo estava a R$ 44,00 em abril e você vendeu a R$ 46,00 em maio, você lucrou:

    R$ 4.600,00
- R$ 4.400,00
    R$ 200,00 (lucro na venda das ações)
+ R$ 130,00 (lucro na venda da opção)
    R$ 330,00

Como você investiu no exemplo R$ 4.400,00 e lucrou R$ 330,00, você teve um lucro de 7,5% ao mês. E isso é muito bom. Mas o melhor é a situação anterior, pois você ainda continua com a ação e não precisa recomprá-la ao preço superior, ou esperar para que a ação Petr4 diminua seu preço.

Se você não tiver a ação de volta, você não poderá lançar novamente. Segundo algumas corretoras, o sistema Home Broker não possibilita lançamentos a descoberto, mas não tenho certeza, pelo menos nas que fui cliente, era assim, ou seja, se você não tem o lote da ação, não lança a opção. Você pode fazer esses lançamentos pela mesa de operações, porém eu não aconselho.

Lição do dia:

Se você está operando taxa, lançando opções, evite ao máximo ser exercido! Mas você terá sempre esse risco.

Um operador de Home Broker fez essa operação e ficou um pouco confuso com o bloqueio de suas ações, quando alguém comprou a opção que ele tinha lançado. Segundo outro operador, ele não tinha lançado, mas a opção estava em sua carteira e vendeu. Achei estranho isso, na minha opinião, ficou tudo muito confuso, ele deve ter lançado e se arrependeu. Então eu respondi:

Ele vendeu e não lançou.

André, você não lançou e vendeu uma opção coberto, pois possui as ações como garantia, então tudo bem, agora eu entendi o que aconteceu.

Na pior das hipóteses, as suas ações serão bloqueadas até a data do vencimento ou, se você mesmo quiser, pode desbloquear as ações.

Se você vendeu a opção lançada, a melhor forma é fazer o que falaram anteriormente, espera cair a mesma opção, compra amanhã mais baixo e destrava a operação.

Se você tem as ações, com esse lançamento você não irá pagar nada a mais, só ficará com ela bloqueada até a data do exercício e se o preço deste for interessante, melhor ainda.

Se você quiser, pode até comprar uma opção mais em conta e ainda vai ganhar se alguém exercer no dia do vencimento.

Exemplo:

Vendeu a Petrl52... compra depois a Petrl50 com lucro porque o mercado caiu.

Fique na torcida para ser exercido no dia 17/08 na I52 que você terá um excelente lucro (a pessoa vai comprar suas ações por R$ 52,00 e você vai recomprá-las por R$ 50,00).

Analisando o desespero do investidor, fiz uma análise sobre esse tipo de operação:

Lição do dia:

Se você não quiser ser exercido, não faça lançamentos!

Tente lançar em momento de alta do mercado, lançar uma opção com o preço de exercício bem acima! Eu uso dois "strikes" acima do preço da ação. Normalmente os preços das ações se ajustam até o vencimento e você só terá a ganhar.

Evite lançar com menos de 13 dias do vencimento!

Existe uma forma de se proteger dos exercícios, procure na internet sobre Borboletas.

Desbloquear as Ações

Para desbloquear as ações você deverá comprar uma opção igual a que você vendeu. Espere a opção baixar e recompre. Tenho amigos que não desbloqueiam, lançam a opção muito OTM e aguardam o vencimento.

INVESTINDO A LONGO PRAZO

Essa é a verdadeira memória de um operador de Home Broker, onde, entre altos e baixos, agora com seis anos de experiência, vários prejuízos e grandes lucros, percebo, olhando para o livro de ofertas e o resumo da ação em anos, que se tivesse com a ação certa desde o início do meu primeiro investimento, que por acaso foi o meu primeiro lote de ações da CSN (Companhia Siderúrgica Nacional), teria um lucro próximo do que obtive no decorrer dessas operações diárias de investimentos ao longo dos anos.

O que eu quero dizer é:

Ao ter comprado o meu lote de ações e guardado ele por seis anos, eu teria um lucro bem maior do que eu tive no decorrer desses anos, comprando e vendendo todo o tipo de papel. O lucro seria maior, pois eu não investiria o meu tempo nisso, não que eu me arrependa.

Então, investir a longo prazo é ótimo, desde que, esteja com a ação certa. Compre-a por um preço bom, mantenha os olhos abertos para possíveis variações do setor e da própria empresa e tenha força de vontade para ver sua carteira cair 10% e não vender.

O método de longo prazo que uso e dá lucro consiste nos seguintes passos:

Lição do dia:

- Compre ações, sempre na maioria Blue Chips.
- Deixe um capital considerável em espécie.
- Só faça preço médio se tiver certeza do que está fazendo.
- Não deixe sua cota de mesma ação "engordar muito".

- Compre aos poucos e venda aos poucos.
- Venda quando estiver no lucro uma parte de sua carteira.
- Quando ganhar muito em um mês, venda tudo e espere a correção.
- Não fique mais na adrenalina e não acompanhe todo dia a sua carteira.
- Ajuste o Stop Loss em 20% até chegar ao lucro, depois reajuste.
- Nunca tente adivinhar o fundo de uma ação.
- Aplique apenas em ações que você manteria por 10 anos.

Agora explicarei cada um dos passos necessários para um bom investimento a longo prazo:

COMPRE SEMPRE NA MAIORIA BLUE CHIPS

💰 Sempre compre empresas importantes para a bolsa, as ações mais importantes da Bovespa..

💰 Mantenha sua carteira com pelo menos 55% de suas ações consideradas Blue Chips.

DEIXE UM CAPITAL CONSIDERÁVEL, EM ESPÉCIE.

💰 Quando você vai as compras é importante ter dinheiro. É com dinheiro que se faz excelentes negócios. Por isso, devemos ter dinheiro para possíveis quedas e tentar fazer preço médio ou quem sabe, na melhor das hipóteses, comprar uma nova ação que está com preço subavaliado.

💰 O dinheiro em mão também serve para te proteger de futuras correções na bolsa. Espere bastante antes de comprar, evite a ansiedade, se você está ansioso não entre no Home Broker.

SÓ FAÇA PREÇO MÉDIO SE TIVER CERTEZA DO QUE ESTÁ FAZENDO.

💰 Dediquei um capítulo só para isso no início do livro, mas preciso relembrar, pois esse é o grande problema no investimento a longo prazo, na maioria das vezes preço médio é considerado "preço mérdio". Por isso, tenha muita certeza do que está fazendo.

💰 Se você está comprado na ação que caiu demais, espere-a cair mais ainda, antes de fazer preço médio! A não ser que você ache que estará fazendo um excelente negócio, senão, espere!

NÃO DEIXE SUA COTA DE MESMA AÇÃO "ENGORDAR MUITO".

- Digamos que você tenha em sua carteira, por exemplo:

  50% Petrobrás, 10% CSN, 20% Vale, 20% Gerdau,

  Nesse caso, você está com excesso de um tipo de ação, que no exemplo é a Petrobrás em sua carteira e isso não é bom. O ideal é que você espere-a dar lucro, espere o quanto for necessário. Comece vendendo aos poucos até manter um equilíbrio. Caso a ação esteja mal avaliada e você está cheia delas para esperar a correção, não espere muito, venda aos poucos assim que tiver lucro, mas venda. Corrija sempre esta proporção.

COMPRE AOS POUCOS E VENDA AOS POUCOS.

- Este é o maior segredo do investimento a longo prazo. Como você não tem pressa de vender, pois irá manter a sua carteira por um longo tempo, também não deverá ter pressa de comprar. Compre aos poucos e corrija o preço de entrada, sempre. Mesmo se essa correção for para cima, mas nesse caso, compre menos ainda. Acredite.

- Quando sua ação superou a renda mensal média dos investimentos de capital de risco naquele mês, venda no lucro, mas venda aos poucos e sempre mantenha uma parte da sua ação em carteira. Lembre-se: o investimento é de longo prazo.

  Exemplo:

  40% Petrobrás, 20% CSN, 20% Vale, 20% Gerdau.

  Neste exemplo suas ações da Petrobrás valorizaram 20% em apenas um mês. Você está achando que está no caminho certo! O céu é lindo! Está tudo bem, mas não se iluda, haverá uma correção! Que tal vender um pouquinho e mais um pouquinho para embolsar os lucros? Faça isso aos poucos, bem devagar. Este é um investimento a longo prazo! Lembre-se disso!

VENDA QUANDO ESTIVER NO LUCRO UMA PARTE DE SUA CARTEIRA

⚅ É importante vender uma parte do lucro para ter sempre dinheiro para possíveis ofertas ou quedas bruscas e para aumentar seu capital de investimento. Se você estiver com dinheiro não há necessidade de vender. Pense sempre a longo prazo.

QUANDO ESTIVER GANHANDO MUITO EM UM MÊS, VENDA QUASE TUDO E ESPERE A CORREÇÃO.

⚅ Digamos que de repente você se viu em uma situação de glória! Está lucrando em todas as ações! Está com entre 15% a 22% ou mais no mês! É muito bom! Mas venda! Venda logo! Não se espante com os lucros alheios! Está na hora de sair, nesse caso, quanto mais cedo sair, melhor!

Lembre-se, o investimento é de longo prazo, se você conseguir 60% em um ano, está no caminho certo! Que tal garantir os 20% desse lote logo agora?

Espere bastante pela correção e vá comprando aos poucos novamente. Se a correção não aparecer espere mais um pouco, caso ela não venha, não se sinta um fracassado, você está fazendo investimento a longo prazo. Sua meta é ficar entre 18% a 60% a.a. ou mais. Se ficar entre os 25% já está bom demais, pois a maioria dos fundos de investimento não chega a esse valor.

Lembre-se, John Nef ficou famoso com o fundo Windsor com um retorno médio de 13,7 %, e Warren Buffet, 24,7% a.a. , se você conseguir mais que isso, está bom, aliás, bom não, está ótimo.

NÃO FIQUE MAIS NA ADRENALINA E NÃO ACOMPANHE TODO DIA A SUA CARTEIRA.

💰 Seu método mudou, agora você não trabalha mais para o dinheiro, o dinheiro é que vai trabalhar para você. Apenas acompanhe a bolsa e as notícias, estude os gráficos em momentos sublimes na bolsa, mas saia da frente do computador e vá cuidar de você e da sua saúde que é mais importante e seu maior ativo.

Sua corretora é que não vai gostar nada disso! (Sorriso)

É claro que é apenas uma brincadeira, o que sua corretora quer é que você ganhe dinheiro, para poder investir mais e mais.

AJUSTE O STOP LOSS EM 20% ATÉ CHEGAR AO LUCRO.

💰 Evite ao máximo reajustar seu Stop qaundo estiver perdendo. No meu caso eu ajusto o Stop Loss em 20% de prejuízo toda vez que eu entro com uma ação.

Você poderá usar outros valores, depende do quanto você suporta a perda. Encare isso como um preço para entrar no mercado. Esteja disposto a pagar esse preço. Este é o preço de entrada no mercado, esteja disposto a pagar por isso. Se não está disposto a perder 10% pelo menos, então, você não pode estar no mercado de capitais, em investimento a longo prazo. Procure algo que tenha mais a ver com você, fique no trade diário.

Lembre-se: como o investimento é a longo prazo, não importa se você perdeu 18% agora, você irá recuperar em 3 anos ou mais. Mas você deverá estar com a ação certa. Aguarde e verá. Por isso é muito importante estar com uma carteira de ações de empresas sólidas. E não esqueça de ir sempre as compras, mas bem aos poucos. Quando você estiver no lucro você poderá ajustar seus Stops, e deve ajustar, mas antes disso não o faça.

NUNCA TENTE ADIVINHAR O FUNDO DE UMA AÇÃO

💰 Não pense que você chegou ao melhor ponto de compra, no ponto aonde ela nunca irá mais cair, pois isso não irá acontecer na maioria das vezes. Compre as ações aos poucos e nada mais, não tente apenas comprar no melhor preço, pois esse pode ser o pior momento de entrada, apenas compre, mas sempre aos poucos. Isto eu aprendi com o "método enfoque de investimentos".

APLIQUE APENAS EM AÇÕES QUE VOCÊ MANTERIA POR 10 ANOS

💰 Se você acha que 10 anos é muito tempo para ficar com essa ação então esqueça-a. Não que eu queira que você fique tanto tempo com ela, mas se você não a quer, então ela não serve para esse tipo de investimento.

Em um blog muito conhecido, postaram sobre investimento a longo prazo, um "blogueiro" muito famoso disse que estava muito convencido pela citação do professor, mesmo negando que o conhecesse, descreveu que o professor dizia que ações não eram para longo prazo em nenhuma hipótese e que, segundo o mestre, achava que tudo isso não passava de conversa de fundo ou clube de investimentos.

Para alguns casos, ele está com razão, mas a ultima citação é muito infeliz. Os rendimentos de fundo precisam de respostas muito rápidas, quase que semestrais, dependendo do fundo até em menor tempo. Caso eles não tenham essas respostas eles perdem investidores.

Nesta postagem, estava um gráfico, muito comum, em relação às ações, o do IBOV.

Enviei uma mensagem polêmica, pois todos eram a favor do curto prazo, apesar de eu também ser a favor desse tipo de investimento, ele estava criticando o longo prazo, era o título do blog, o que não é correto, os dois são bons:

É importante lembrar que nos anos de 1988, 1973 e 1966, os preços das ações não estavam nesse nível, então, investimento a longo prazo é viável sim, o problema é o ponto de entrada. Nós estamos com o Ibovespa em uma marca alta de pontos, então provavelmente não é hora de entrar na bolsa para longo prazo. Outro fato, você tem que estar com uma excelente ação adquirida a preço baixo.

Com relação ao gráfico citado, cuidado!

As ações sofrem desdobramentos e isso mascara os resultados. Veja o exemplo da VALE5, foi desdobrada e se você for ver pelo gráfico mal trabalhado ela está com um prejuízo a partir de julho de 2007, o que não é verdade. A ação era cinqüenta e quatro reais nessa data, chegou próximo de noventa e se tornou duas de quarenta. Quem esteve com ela desde esse tempo sabe que quase dobrou o capital.

O mesmo acontece com a Petr4, que era 46 na crise do subprime e ela esta 41 agora, mas sofreu desdobramento, então, você ficou com duas de 40, sendo o total 80.

Com relação a Ecodisiel S. A., tive prejuízos com ela, se quiser, venda e aplique em outra, mas se preferir a longo prazo, verifique seus fundamentos e índices como P/L ou Yield.

Como o investimento é a longo prazo não tenho como provar que estou certo, só daqui a 6 anos (sorriso).

Longo prazo tem um retorno de, em média, 18% a.a

Logo, o meu xará me respondeu:

Alexandre, tudo bem?

Primeira coisa, esse gráfico não é da VALE5, esse gráfico é do IBOV.

Segunda, essa parada de desdobramento não mascara em nada os gráficos. Pois todos os dados são mudados de acordo com o split.

E terceira...

O IBOV está no mesmo nível que em julho de 2007.

Quarta, para mim, digo para mim, o longo prazo não existe, pois não sei se estou vivo amanhã.

Realmente, sobre o gráfico, o meu erro foi grosseiro, fui muito infeliz na mensagem, pois não tive tempo para analisá-lo, para verificar o split, então respondi:

Oi xará!

Tudo bem?

Perfeita a sua citação. O gráfico está correto. Desculpe o meu erro.

Entendo o seu raciocínio, pois também já fui um "trader" diário.

Você está com razão no que diz respeito ao que você quer para você. Pois você quer retorno imediato. Então, longo prazo, não é o seu tipo de investimento mesmo.

Também não é a sétima maravilha, pois como falei, 18% ao ano em média.

Para investir a longo prazo, deverá escolher empresas sólidas, por isso o meu exemplo da Vale do Rio Doce, nesse momento ela está justa.

Posso dar outros exemplos, como a Petr4 que estava a 44 no meio do ano de 2007 e agora está 42 com desdobramento, ou seja, para o investidor que manteve, que é o meu caso, 84, pois tenho o dobro.

Outro exemplo, CSN, 42 no final de 2006 e está 72, com desdobramento, o valor real para mim seria 144. Uma pena, nesse caso eu vendi.

Posso dar vários exemplos de empresas sólidas...

Mas é claro, só empresas sólidas, no melhor ponto de compra ou próximo a esse ponto, na melhor relação P/L e no melhor ponto de entrada, com IBOV baixo.

Não é exatamente, comprar e segurar, Buy and hold, pois nesse caso, concordo com você, não sou a favor disso.

Um grande abraço para você e sucesso nos trades diários.

Muitos utilizam como base o índice IBOVESPA, ele é um excelente índice e também é um trabalho maravilhoso da BOVESPA. Consiste em uma carteira teórica de ações desde 1968 e que, com o recebimento de juros e dividendos, é reinvestido na mesma ação no dia seguinte. Um dos fatores que mascaram o índice para o rendimento a longo prazo é o fato da Bovespa comprar a ação no dia seguinte ao pagamento da bonificação, ou seja, não espera bastante e compra no melhor preço. Essa espera deverá ser feita para investir a longo prazo.

Outro fator é o estudo da liquidez que faz mudar quais ações ficam na carteira. Essas mudanças ocorrem a cada quadrimestre. Como exemplo, posso citar que em 2007 a carteira do IBOVESPA tinha 59 ações e a VALE5 possuía, se eu não me engano, 9,5% de grau de importância no índice e em maio de 2008 o índice de importância da VALE5 era de 12% aproximadamente e a carteira possuía 66 ações.

Outro fator... o investidor não pode comparar fielmente os índices internacionais com o nosso. Serve como excelente referência sim, mas, em alguns casos, alguns índices possuem cálculos e maneiras diferentes de manutenção de ativos em carteira.

Eu uso o IBOVESPA para saber o melhor ponto de compra e venda. E agradeço, sempre que possível, o estudo e trabalho fantástico da BOVESPA.

Enviei a mensagem, mas esqueci de um detalhe... muito importante:

Desculpe, esqueci de comentar que nas crises estas empresas "sólidas" são as primeiras a "despencar", nesse caso, amigos investidores LP, cuidado, ajustem bem os STOPs para longo prazo.

Ajustando Stops a Longo Prazo

Pode parecer que não, mas essa é a operação mais difícil de ser feita. É aconselhável a leitura de alguns métodos. Eles são importantes, no que diz respeito a concepção do longo prazo, como por exemplo, o método enfoque, www.enfoque.com.br. Não uso esse método, mas ele me ajudou bastante no conceito de longo prazo e é um método muito bom também e poderá ser utilizado sem problemas. Porém, o meu conceito de longo prazo é um pouco diferente do dele, principalmente com relação aos ajustes Stops, mas de qualquer forma eu aconselho a leitura.

Digamos que você queira limitar o prejuízo total do seu capital em 15%. Então deverá calcular o quanto você aceitará de prejuízo em uma posição comprada, para que, se tudo der errado, este não ultrapasse a sua meta máxima de prejuízos. Isso mesmo, meta de prejuízos, aprenda a calcular eles e não ver tudo acontecer sem antes planejá-lo.

Veja exemplo:

Você tem na carteira 3 lotes de ações divididos em partes iguais.

33,3% Petr4

33,3% Vale5

33,3% TCSL4

Neste caso, temos algo fácil de ser calculado. Como a quantidade em capital é a mesma ou quase a mesma então era só dividir em partes iguais. Se quiser, você ajusta os Stops em partes iguais de 15%.

Caso você ache que uma ação está mais volátil que a outra, ou analisando graficamente, viu que o segundo fundo de uma ação é quase 30%, você poderá fazer ajustes, desde que o capital total não tenha prejuízo de 15% ou outra meta que você estipulou.

Exemplo:

Petr4 Stop ajustado em 30%

Vale5 Stop ajustado em 5%

TCSL4 Stop ajustado em 10%

Vale lembrar que este cálculo deverá ser feito de acordo com o que se tem de capital investido em cada ação, neste exemplo os valores financeiros são iguais.

Lição do dia:

Nunca mexa no ajuste do Stop Loss, com exceção do ajuste de segundo fundo da ação.

Caso a Vale5 caia 5%, você sai do jogo com a Vale5. A pior situação é ter acionado o Stop nas 3 ações, ou seja, nesse caso, terá realmente o prejuízo de 15%.

O importante dessa estratégia é apenas "entrar no jogo" do investimento a longo prazo. Esses Stop não deverão ser mexidos até a sua ação atingir um preço maior do que comprou, nesse caso, está na hora de ajustar os Stops.

O seu Stop Loss irá se transformar em Stop Rastreador. Você ajustará para que tenha sempre lucro e nunca mais prejuízo naquela ação.

No meu caso, eu espero chegar em +3% do preço de compra, contando com o custo de corretagem para ajustar o Stop Rastreador. Esse valor depende da sua aversão ao risco. Caso também tenha notado uma resistência forte nessa faixa, ajusto o Stop Rastreador bem curto.

Dependendo da época ou da ação eu mudo um pouco a estratégia.

Quando o mercado está muito volátil eu ajusto em 30% o Stop Loss ao me posicionar (preço de entrada no mercado) e espero +10% de lucro para ajustar o Stop, mas essa operação é muito louca e não aconselho ninguém a fazer. O que aconselho é não passar de 20% a perda em hipótese nenhuma. Existem alguns casos em que o segundo fundo da ação ultrapassa essa faixa de 15% ou 20% negativos, nesses casos, eu aconselho a nem entrar nelas, mas caso esteja posicionado, respeite o fundo e coloque seu Stop um pouco abaixo dele e ajuste suas perdas de capital total em outras ações da carteira.

Lição do dia:

Nunca ultrapasse os 20% de perda total no ajuste do Stop Loss

É importante lembrar que na existência de crise você deverá defender os seus lucros, saindo imediatamente e ficando líquido e esperar a poeira baixar para se posicionar novamente.

Em uma análise antiga de investimento a longo prazo, se você investisse 1 dólar no ano de 1966 no índice S&P americano e esquecesse até 2006 ele se tornaria 16,5 dólares. Mas se você saísse nos, aproximadamente, 200 pregões de queda do índice (cinco dias que mais caiu de cada ano), você teria dois mil e quinhentos dólares.

Você repara que a analise enfatiza 200 pregões dentro de um universo de 10.200 pregões!

Se a sua corretora não tiver ajustes de Stops desista do Investimento LP, insista para sua corretora mudar isso ou desista da corretora.

EPÍLOGO

Quando o Home Broker começou no final da década de noventa só possuía seis corretoras e obteve um pouco mais que 35 mil negócios. Atualmente o sistema é responsável por cerca de 36% dos negócios na Bovespa, ou seja, em cada 100 negócios 36 são pela Internet através dessa ferramenta.

Desde lá, aprendi muitas lições que são tão comuns que não relatei nas minhas memórias, mesmo porque elas não influenciam muito no ganho ou na perda de investimentos.

Tentei repassar alguns acontecimentos importantes na minha trajetória de operador de Home Broker. Tenho alguns amigos que ficaram decepcionados com a minha decisão de sair do "trader" diário e ter uma postura profissional de investimento a longo prazo. O que posso dizer a todos vocês é que foi decisão pessoal, mas continuo estudando, principalmente as análises gráficas. Apesar disso, eu ainda acredito na eficácia do mercado diário, ainda faço, mas bem menos.

Você sempre terá oportunidades no mercado. O principal é que você evite ao máximo errar.

Quando estiver navegando em algum site ou falando com amigos, você deverá tomar cuidado com as dicas de compra e venda. Não fique ansioso, se você está comprando é porque alguém está vendendo.Sempre irá existir alguém na outra ponta pensando exatamente ao contrário, senão... como você conseguiria vender ou comprar?

É importante entender que essas oscilações de preços são naturais e que normalmente os preços estão classificados para curto prazo, ou seja, ou estão valorizados demais devido a alguma perspectiva de curto prazo, ou os ativos estão desvalorizados devido a algum registro ou acontecimento para curto prazo também, seguindo a linha de raciocínio do mercado eficiente, salvo raras exceções. Portanto, utilize regras, indicadores e análises que tenham um grau grande de confiabilidade, mas lembre-se: você nunca terá 100% de acerto.

O que eu quero é que vocês continuem tentando e estudando todas as técnicas no uso desses investimentos. Estejam com a mente aberta a novidades de operadores menos famosos. Lembre-se o que o megainvestidor Warren Buffet relatou em entrevistas: "Se cálculo ou álgebra fossem pré-requisitos para um grande investidor, eu teria que voltar a entregar jornais".

Deixo aqui o meu relato, as minhas memórias e experiências como um "trader" muito louco e muito apaixonado por essa vida de investimentos. Não relatei os detalhes de uso de análises técnicas. Teria que dedicar um livro inteiro só para explicar o assunto, mas existem livros ótimos no mercado falando sobre isso. Agradeço pela leitura.

Espero que tenham gostado, saibam que a minha intenção foi passar a minha vivência, minhas alegrias e minhas frustrações no decorrer dos meus investimentos.

Aproveitem e façam bom uso delas, mas lembrem-se, no mercado nada é totalmente correto ou errado, você ou eu é que estudou pouco.

Prof. Alexandre Mazzei

BIBLIOGRAFIA

BASTTER, Maurício Hissa,. **Investindo em Opções** , Elsevier Campus, 2007.

KIYOSAKI, Robert T. **Pai Rico, Pai Pobre**, Elsevier Campus, 2007.

GUNTHER, Max. **Os Axiomas de Zurique**. Editora Record, 2006.

PAULOS, John Allen. **A Lógica do Mercado de Ações**. Editora Campus, 2004.

BUFFETT, Mary . **O Tao de Warren Buffett.** Editora Sextante, 2006.

Sites

www.cblc.com.br

www.investidoragressivo.com.br

www.bovespa.com.br

www.clubedopairico.com.br

www.orkut.com (Comunidade do Investidor Agressivo)

www.enfoque.com.br

www.mensalinho.com

www.vale.com.br

www.petrobras.com.br

//cincopesosdedoisquilos.blogspot.com/

Impressão e acabamento
Gráfica da Editora Ciência Moderna Ltda.
Tel: (21) 2201-6662